300 tests
RUSSE

VICTORIA MELNIKOVA SUCHET

Module 1
ОСНОВЫ (LES BASES)

Focus Alphabet et lecture

Choisissez la bonne transcription.

Corrigé page 10

1. торт, *gâteau*
   - **A** tor
   - **B** tart
   - **C** tar
   - **D** tort

2. час, *heure*
   - **A** tass
   - **B** tchass
   - **C** tcha
   - **D** chass

3. лампа, *lampe*
   - **A** Lamp
   - **B** Lampa
   - **C** La-mpa
   - **D** Lo-mpa

4. всё, *tout*
   - **A** vsié
   - **B** vsio
   - **C** fsio
   - **D** fsié

5. минута, *minute*
   - **A** minut
   - **B** minouta
   - **C** minuta
   - **D** minita

6. шаг, *pas*
   - **A** chaH
   - **B** cha
   - **C** chak
   - **D** chag

7. хорошо, *bien*
   - **A** Haracho
   - **B** Horocho
   - **C** Haracha
   - **D** Horacho

8. кофе, *café*
   - **A** kofié
   - **B** kofé
   - **C** kafé
   - **D** kafié

9. опера, *opéra*
   - **A** opiéra
   - **B** apiéra
   - **C** apira
   - **D** opira

10. газ, *gaz*
    - **A** gaz
    - **B** gass
    - **C** ga
    - **D** kaz

Astuce Le cyrillique est plus facile qu'il en a l'air. Rappelez-vous que toutes les lettres se prononcent (sauf signe mou ь et signe dur ъ).

Module 1
ОСНОВЫ (LES BASES)

Focus Accent tonique

Choisissez le bon accent tonique (marqué en gras).

Corrigé page 10

1. мама, *maman*
   - **A** м**а**ма
   - **B** мам**а**

2. роза, *rose*
   - **A** р**о**за
   - **B** роз**а**

3. сахар, *sucre*
   - **A** сах**а**р
   - **B** с**а**хар

4. шофёр, *chauffeur*
   - **A** ш**о**фёр
   - **B** шоф**ё**р

5. какао, *cacao*
   - **A** как**а**о
   - **B** кака**о**
   - **C** к**а**као

6. физика, *physique*
   - **A** физ**и**ка
   - **B** ф**и**зика
   - **C** физик**а**

7. радио, *radio*
   - **A** р**а**дио
   - **B** рад**и**о
   - **C** ради**о**

8. телевизор, *téléviseur*
   - **A** телевиз**о**р
   - **B** тел**е**визор
   - **C** телев**и**зор

9. Россия, *Russie*
   - **A** Росси**я**
   - **B** Р**о**ссия
   - **C** Росс**и**я

10. проблема, *problème*
    - **A** пр**о**блема
    - **B** пробл**е**ма
    - **C** проблем**а**

Module 1
ОСНОВЫ (LES BASES)

Focus — Lecture et cas particuliers

Choisissez la prononciation correcte.

Corrigé page 10

1. пожалуйста, *s'il vous (te) plaît*
   - **A** paj**a**Lousta
   - **B** paj**a**Louïsta

2. сегодня, *aujourd'hui*
   - **A** sig**o**dnia
   - **B** siv**o**dnia

3. чтобы, *pour que*
   - **A** tcht**o**by
   - **B** cht**o**by

4. опция, *option*
   - **A** **o**ptsy-ia
   - **B** **o**ptsi-ia

5. нравится, *plaire*
   - **A** nr**a**vitsia
   - **B** nr**a**vitsa

6. машина, *voiture*
   - **A** mach**y**na
   - **B** mach**i**na

7. ничего, *rien*
   - **A** nitchiv**o**
   - **B** nitchig**o**

8. что, *quoi*
   - **A** tchto
   - **B** chto

> **Astuce** Certains sons sont toujours durs, comme **ж**, **ш**, **ц** (ils ne se ramollissent pas au contact des voyelles molles qui les suivent) ; en revanche **й**, **ч**, **щ** sont toujours mous.

Focus — Accent tonique des mots identiques (homographes)

Choisissez le mot où l'accent (signalé en gras) est juste.

1. замок, *château*
   - **A** з**а**мок
   - **B** за́м**о**к

Module 1
ОСНОВЫ (LES BASES)

2. плачу, *je paie*

   A плач**у**   **B** пл**а**чу

3. мука, *farine*

   A мук**а**   **B** м**у**ка

4. кружки, *tasses*

   A кружк**и**   **B** кр**у**жки

5. дома, *maisons*

   A дом**а**   **B** д**о**ма

6. белки, *protéines*

   A б**е**лки   **B** белк**и**

7. духи, *parfum*

   A д**у**хи   **B** дух**и**

8. стоит, *il coûte*

   A ст**о**ит   **B** сто**и**т

9. пироги, *tartes*

   A пирог**и**   **B** пир**о**ги

10. стрелки, *aiguilles*

    A стрелк**и**   **B** стр**е**лки

Astuce L'accent tonique est très important en russe. Il est mobile, cela veut dire qu'il se déplace parfois lors de la déclinaison ou de la conjugaison et peut même changer le sens du mot.

Focus Écriture

Choisissez la lettre manquante.

Corrigé page 10

1. восем_, *huit*

   A и   **B** ь   **C** м

Module 1
ОСНОВЫ (LES BASES)

2. сто_, *stop*
   - **A** п
   - **B** б
   - **C** р

3. м_ло, *savon*
   - **A** а
   - **B** и
   - **C** ы

4. ло_ика, *logique*
   - **A** ж
   - **B** г
   - **C** з

5. _делать, *faire*
   - **A** з
   - **B** ш
   - **C** с

6. холо_, *froid*
   - **A** д
   - **B** т
   - **C** ч

Focus Cyrillique et la lecture

Choisissez la bonne traduction.

Corrigé page 10

1. метро
   - **A** *météo*
   - **B** *métro*
   - **C** *mètre*

2. дядя
   - **A** *oui oui*
   - **B** *tante*
   - **C** *oncle*

3. кровать
   - **A** *cravate*
   - **B** *lit*
   - **C** *toit*

4. кинотеатр
   - **A** *cinéma*
   - **B** *théâtre*
   - **C** *film*

5. станция
   - **A** *danse*
   - **B** *chambre*
   - **C** *station*

Astuce Beaucoup de mots se ressemblent en russe et en français, il suffit de déchiffrer correctement le cyrillique !

Module 1
ОСНОВЫ (LES BASES)

Focus: Les mots interrogatifs

Choisissez le mot manquant.

Corrigé page 10

1. ___ это? – Это Олег.
   - **A** Где
   - **B** Когда
   - **C** Кто
   - **D** Что

2. ___ он? – Он здесь.
   - **A** Где
   - **B** Кто
   - **C** Зачем
   - **D** Что

3. ___ праздник? – Завтра.
   - **A** Почему
   - **B** Кто
   - **C** Где
   - **D** Когда

4. ___ это? – Моя машина.
   - **A** Сколько
   - **B** Кто
   - **C** Что
   - **D** Когда

Verbes

нравиться	*plaire*
платить	*payer*
плакать	*pleurer*
стоять	*être debout*
стоить	*coûter*
сделать	*faire*

Noms

торт (m)	*gâteau*
час (m)	*heure*
лампа (f)	*lampe*
минута (f)	*minute*

Module 1
СЛОВАРЬ (VOCABULAIRE)

шаг (m)	*pas*
кофе (m)	*café*
опера (f)	*opéra*
газ (m)	*gaz*
мама (f)	*maman*
роза (f)	*rose*
сахар (m)	*sucre*
шофёр (m)	*chauffeur*
какао (n)	*cacao*
физика (f)	*physique*
радио (n)	*radio*
телевизор (m)	*téléviseur*
Россия (f)	*Russie*
проблема (f)	*problème*
опция (f)	*option*
машина (f)	*voiture*
замок (m)	*cadenas*
замок (m)	*château*
мука (f)	*farine*
мука (f)	*tourment*
кружок (m)	*cercle*
кружка (f)	*tasse*
дом (m)	*maison*
белок (m)	*protéine*
белка (f)	*écureuil*
дух (m)	*esprit*
духи (pl)	*parfum*
пирог (m)	*tarte*
пирога (f)	*pirogue*
стрелок (m)	*tireur*
стрелка (f)	*aiguille*

Module 1
СЛОВАРЬ (VOCABULAIRE)

мыло (n)	*savon*
логика (f)	*logique*
холод (m)	*froid*
метро (n)	*métro*
дядя (m)	*oncle*
кровать (f)	*lit*
кинотеатр (m)	*cinéma*
станция (f)	*station*

Locutions / Phrases essentielles

всё	*tout*
хорошо	*bien*
пожалуйста	*s'il vous (te) plaît*
сегодня	*aujourd'hui*
чтобы	*pour que*
ничего	*rien*
что	*que, quoi*
дома	*à la maison*
восемь	*huit*
стоп	*stop*
это	*cela, c'est*
где	*où*
кто	*qui*
когда	*quand*
зачем	*pourquoi, dans quel but*
почему	*pourquoi*
сколько	*combien*

Module 1
ОТВЕТЫ (CORRIGÉS)

Основы (les bases)

PAGE 2 - Alphabet et lecture
1 **D** 2 **B** 3 **C** 4 **C** 5 **B** 6 **C** 7 **A** 8 **A** 9 **D** 10 **B**

PAGE 3 - Accent tonique
1 **A** 2 **A** 3 **B** 4 **B** 5 **A** 6 **B** 7 **A** 8 **C** 9 **C** 10 **B**

PAGE 4 - Lecture et cas particuliers
1 **A** 2 **B** 3 **B** 4 **A** 5 **B** 6 **A** 7 **A** 8 **B**

PAGES 4-5 - Accent tonique des mots identiques (homographes)
1 **B** 2 **A** 3 **A** 4 **B** 5 **A** 6 **B** 7 **B** 8 **A** 9 **A** 10 **B**

PAGES 5-6 - Écriture
1 **B** 2 **A** 3 **C** 4 **B** 5 **C** 6 **A**

PAGE 6 - Cyrillique et la lecture
1 **B** 2 **C** 3 **B** 4 **A** 5 **C**

PAGE 7 - Les mots interrogatifs
1 **C** 2 **A** 3 **D** 4 **C**

Vous avez obtenu entre 0 et 9 ? Reprenez chaque question en regardant les endroits où vous avez fait des erreurs.

Vous avez obtenu entre 10 et 20 ? C'est très moyen, mais ne vous découragez pas.

Vous avez obtenu entre 21 et 31 ? Analysez vos erreurs et révisez les notions, vous êtes sur la bonne voie !

Vous avez obtenu entre 32 et 42 ? Félicitations !

Vous avez obtenu 43 et plus ? Восхитительно! Браво!

Module 2
ОСНОВЫ

Focus   Le genre des noms

Choisissez le genre correct.

Corrigé page 22

1. стол, *table*
   - **A** M
   - **B** F
   - **C** N

2. окно, *fenêtre*
   - **A** M
   - **B** F
   - **C** N

3. тётя, *tante*
   - **A** M
   - **B** F
   - **C** N

4. папа, *papa*
   - **A** M
   - **B** F
   - **C** N

5. учитель, *maître*
   - **A** M
   - **B** F
   - **C** N

6. банан, *banane*
   - **A** M
   - **B** F
   - **C** N

7. мыло, *savon*
   - **A** M
   - **B** F
   - **C** N

8. кровать, *lit*
   - **A** M
   - **B** F
   - **C** N

9. такси, *taxi*
   - **A** M
   - **B** F
   - **C** N

10. кресло, *fauteuil*
    - **A** M
    - **B** F
    - **C** N

Astuce En russe, il y a trois genres : masculin, féminin et neutre.

Module 2
ОСНОВЫ

Focus Masculin

Choisissez les mots masculins (plusieurs variantes sont possibles).

Corrigé page 22

1.
   - **A** жираф
   - **B** земля
   - **C** конь

2.
   - **A** кровать
   - **B** снег
   - **C** лето

3.
   - **A** музей
   - **B** книга
   - **C** жена

4.
   - **A** зеркало
   - **B** стул
   - **C** дядя

5.
   - **A** бровь
   - **B** стрелка
   - **C** брат

6.
   - **A** опера
   - **B** нос
   - **C** минута

7.
   - **A** шаг
   - **B** замок
   - **C** лампа

8.
   - **A** кофе
   - **B** голова
   - **C** отец

9.
   - **A** жизнь
   - **B** дом
   - **C** станция

10.
   - **A** ухо
   - **B** проблема
   - **C** бой

Astuce Certains masculins se terminent en signe **mou** (il faut les retenir) et certains en **а** et **я** (ils seront « logiquement » masculins).

Module 2
ОСНОВЫ

Focus Féminin

Choisissez les mots féminins (plusieurs variantes sont possibles).

Corrigé page 22

1.
- A путь
- B кружка
- C игла

2.
- A жара
- B февраль
- C папа

3.
- A весло
- B сестра
- C клей

4.
- A карандаш
- B логика
- C комната

5.
- A часть
- B душа
- C лоб

6.
- A дух
- B метро
- C мать

7.
- A груша
- B кинотеатр
- C диван

8.
- A зима
- B компьютер
- C ночь

9.
- A боль
- B яблоко
- C кот

10.
- A молоко
- B нога
- C рот

Module 2
ОСНОВЫ

Focus Neutre

Choisissez les mots neutres (plusieurs variantes sont possibles).

Corrigé page 22

1.
   - **A** завтрак
   - **B** день
   - **C** дело

2.
   - **A** рука
   - **B** море
   - **C** опция

3.
   - **A** какао
   - **B** газ
   - **C** роза

4.
   - **A** станция
   - **B** пирог
   - **C** такси

5.
   - **A** колено
   - **B** круг
   - **C** белка

6.
   - **A** бак
   - **B** бельё
   - **C** фрукт

7.
   - **A** мука
   - **B** платье
   - **C** место

Astuce Certains neutres empruntés aux langues étrangères ne se terminent pas en **o** et **e (ë)**.

Focus Le genre des adjectifs

Choisissez le genre de l'adjectif.

1. красное
   - **A** M
   - **B** F
   - **C** N

2. тихий
   - **A** M
   - **B** F
   - **C** N

Module 2
ОСНОВЫ

3. маленькая
   - **A** M
   - **B** F
   - **C** N

4. частое
   - **A** M
   - **B** F
   - **C** N

5. сильная
   - **A** M
   - **B** F
   - **C** N

6. весёлый
   - **A** M
   - **B** F
   - **C** N

7. синий
   - **A** M
   - **B** F
   - **C** N

8. чистое
   - **A** M
   - **B** F
   - **C** N

9. нежная
   - **A** M
   - **B** F
   - **C** N

10. красивая
    - **A** M
    - **B** F
    - **C** N

Focus Le genre des adjectifs

Choisissez la forme adaptée.

Corrigé page 22

1. _____ машина, *voiture noire*
   - **A** чёрный
   - **B** чёрная
   - **C** чёрное

2. _____ дело, *grande affaire*
   - **A** большой
   - **B** большая
   - **C** большое

3. _____ карандаш, *crayon bleu*
   - **A** синий
   - **B** синяя
   - **C** синее

Module 2
ОСНОВЫ

4. _____ улица, *rue calme*
   - **A** тихий
   - **B** тихая
   - **C** тихое

5. _____ фильм, *film drôle*
   - **A** смешной
   - **B** смешная
   - **C** смешное

6. _____ пальто, *manteau blanc*
   - **A** белый
   - **B** белая
   - **C** белое

Astuce Dans une phrase, l'adjectif se place devant le nom qu'il caractérise et s'accorde avec ce dernier en genre et en nombre.

Focus Le genre des adjectifs

Choisissez le bon nom.

Corrigé page 22

1. сладкий
   - **A** торт
   - **B** конфета

2. новое
   - **A** машина
   - **B** увлечение

3. тёмная
   - **A** ночь
   - **B** день

4. длинная
   - **A** очередь
   - **B** путь

5. чистое
   - **A** тротуар
   - **B** бельё

6. сильная
   - **A** папа
   - **B** боль

Module 2
ОСНОВЫ

Focus Pronoms personnels

Choisissez le pronom personnel adapté.

Corrigé page 22

1. – Кто эта женщина? – _____ учительница.
   - **A** Он
   - **B** Она
   - **C** Оно

2. – Где Юра? – Вот _____.
   - **A** он
   - **B** они
   - **C** я

3. – Вы с нами? – Да, _____ с вами.
   - **A** вы
   - **B** оно
   - **C** мы

4. – Олег, куда _____? – Я в кино.
   - **A** ты
   - **B** мы
   - **C** она

5. – Окно справа? – Нет, _____ слева.
   - **A** она
   - **B** он
   - **C** оно

6. – Где вы? – _____ дома.
   - **A** Они
   - **B** Мы
   - **C** Ты

Astuce Le verbe *être* **быть** n'est pas exprimé au présent. Parfois le verbe *aller* **идти** est également sous-entendu.

Focus Le verbe идти au présent de l'indicatif

Choisissez la bonne forme verbale.

1. Мы _____ в кино.
   - **A** идёт
   - **B** идём
   - **C** идёте

2. Они _____ домой.
   - **A** идут
   - **B** идёшь
   - **C** иду

3. Лена _____ в школу.
   - **A** идёт
   - **B** идём
   - **C** идёте

Module 2
ОСНОВЫ

4. Куда вы _____?
   - **A** идут
   - **B** идёте
   - **C** идёт

5. Я _____ на рынок.
   - **A** идём
   - **B** идёшь
   - **C** иду

6. Ты не _____ с нами?
   - **A** идёте
   - **B** идут
   - **C** идёшь

Astuce La particule négative **не** se place directement devant le mot sur lequel porte la négation. Elle s'écrit toujours séparément des verbes.

Focus Le pronom personnel

Choisissez la forme correcte.

Corrigé page 22

1. ___ большая.
   - **A** он
   - **B** мы
   - **C** они
   - **D** она

2. ___ чёрные.
   - **A** я
   - **B** они
   - **C** он
   - **D** оно

3. ___ синее.
   - **A** оно
   - **B** вы
   - **C** она
   - **D** ты

4. ___ больной.
   - **A** они
   - **B** она
   - **C** мы
   - **D** он

Astuce Le pronom russe a un genre, un nombre et se décline.

Module 2
СЛОВАРЬ

Focus Accord du cardinal un

Choisissez la forme correcte du cardinal.

Corrigé page 22

1. Она идёт в кино _____. *Elle va au cinéma seule.*

   A один   **B** одно   **C** одна

2. Дети, вы _____? *Les enfants, êtes-vous seuls ?*

   A одни   **B** одна   **C** один

3. У нас только _____ окно. *Nous n'avons qu'une fenêtre.*

   A одно   **B** одни   **C** одна

4. Куда ты _____? *Où vas-tu seul ?*

   A одна   **B** один   **C** одно

Astuce Le cardinal **один** s'accorde avec le nom en genre et en nombre.

Verbe

идти *aller à pied*

я иду	*je vais*	мы идём	*nous allons*
ты идёшь	*tu vas*	вы идёте	*vous allez*
он/она/оно идёт	*il/elle/il va*	они идут	*ils/elles vont*

Noms

стол (m)	*table*
окно (n)	*fenêtre*
тётя (f)	*tante*
папа (m)	*papa*
учитель (m)	*maître*
банан (m)	*banane*
такси (n)	*taxi*
кресло (n)	*fauteuil*
жираф (m)	*girafe*
земля (f)	*terre*
снег (m)	*neige*

Module 2
СЛОВАРЬ

лето (n)	*été*
музей (m)	*musée*
книга (f)	*livre*
жена (f)	*femme*
зеркало (n)	*miroir*
стул (m)	*chaise*
бровь (f)	*sourcil*
брат (m)	*frère*
голова (f)	*tête*
отец (m)	*père*
жизнь (f)	*vie*
ухо (n)	*oreille*
бой (m)	*combat*
путь (m)	*chemin*
игла (f)	*aiguille*
жара (f)	*chaleur*
февраль (m)	*février*
весло (n)	*rame*
сестра (m)	*sœur*
клей (m)	*colle*
карандаш (m)	*crayon*
комната (f)	*chambre*
часть (f)	*part*
душа (f)	*âme*
лоб (m)	*front*
мать (f)	*mère*
груша (f)	*poire*
диван (m)	*divan*
зима (f)	*hiver*
компьютер (m)	*ordinateur*
ночь (f)	*nuit*
боль (f)	*douleur*
яблоко (n)	*pomme*
кот (m)	*chat*

Module 2
СЛОВАРЬ

молоко (n)	*lait*
нога (f)	*jambe, pied*
рот (m)	*bouche*
завтрак (m)	*petit-déjeuner*
день (m)	*jour*
дело (n)	*affaire*
рука (f)	*bras, main*
море (n)	*mer*
колено (n)	*genou*
бельё (n)	*linge*
фрукт (m)	*fruit*
платье (n)	*robe*
место (n)	*endroit, siège*
конфета (f)	*bonbon*
увлечение (n)	*passion*
очередь (f)	*queue*
женщина (f)	*femme*
рынок (m)	*marcher*

Adjectifs

тихий	*tranquille*
частый	*fréquent*
сильный	*fort*
весёлый	*gai*
чистый	*propre*
нежный	*tendre*
смешной	*drôle*
сладкий	*sucré, doux*
тёмный	*sombre*
длинный	*long*

Module 2
ОТВЕТЫ

Основы

VOTRE SCORE :

PAGE 11 - Le genre des noms
1 **A** 2 **C** 3 **B** 4 **A** 5 **A** 6 **A** 7 **C** 8 **B** 9 **C** 10 **C**

PAGE 12 - Masculin
1 **A**/**C** 2 **B** 3 **A** 4 **B**/**C** 5 **C** 6 **B** 7 **A**/**B** 8 **A**/**C** 9 **B** 10 **C**

PAGE 13 - Féminin
1 **B**/**C** 2 **A** 3 **B** 4 **B**/**C** 5 **A**/**B** 6 **C** 7 **A** 8 **A**/**C** 9 **A** 10 **B**

PAGE 14 - Neutre
1 **C** 2 **B** 3 **A** 4 **C** 5 **A** 6 **B** 7 **B**/**C**

PAGES 14-15 - Le genre des adjectifs
1 **C** 2 **A** 3 **B** 4 **C** 5 **B** 6 **A** 7 **A** 8 **C** 9 **B** 10 **B**

PAGES 15-16 - Le genre des adjectifs
1 **B** 2 **C** 3 **A** 4 **B** 5 **A** 6 **C**

PAGE 16 - Le genre des adjectifs
1 **A** 2 **B** 3 **A** 4 **A** 5 **B** 6 **B**

PAGE 17 - Pronoms personnels
1 **B** 2 **A** 3 **C** 4 **A** 5 **C** 6 **B**

PAGES 17-18 - Le verbe **идти** au présent de l'indicatif
1 **B** 2 **A** 3 **A** 4 **B** 5 **C** 6 **C**

PAGE 18 - Le pronom personnel
1 **D** 2 **B** 3 **A** 4 **D**

PAGE 19 - Accord du cardinal **un**
1 **C** 2 **A** 3 **A** 4 **B**

Vous avez obtenu entre 0 et 20 ? Reprenez chaque question en regardant les endroits où vous avez fait des erreurs.

Vous avez obtenu entre 21 et 36 ? C'est très moyen, mais ne vous découragez pas.

Vous avez obtenu entre 37 et 51 ? Analysez vos erreurs et révisez les notions, vous êtes sur la bonne voie !

Vous avez obtenu entre 52 et 67 ? Félicitations !

Vous avez obtenu 68 et plus ? Восхитительно! Браво!

Module 3
ОСНОВЫ

Focus Le pluriel des masculins

Choisissez le pluriel correct.

Corrigé page 32

1. папа
   - A папи
   - B пап
   - C папы

2. пирог
   - A пирога
   - B пироги
   - C пирогы

3. час
   - A часы
   - B часа
   - C часи

4. стол
   - A стола
   - B столы
   - C столи

5. жираф
   - A жирафы
   - B жирафи
   - C жирафа

6. дядя
   - A дяды
   - B дяди
   - C дядь

7. рынок
   - A рынoки
   - B рынкы
   - C рынки

8. путь
   - A путы
   - B пути
   - C путя

9. карандаш
   - A карандашы
   - B карандаша
   - C карандаши

10. лоб
    - A лобы
    - B лбы
    - C лби

Astuce Attention à l'incompatibilité orthographique : après **г, к, ж** et **ш** on écrit **и** et non **ы**.

Module 3
ОСНОВЫ

Focus Le pluriel des féminins

Choisissez le pluriel correct.

Corrigé page 32

1. зима
   - **A** зимы
   - **B** зим
   - **C** зими

2. кровать
   - **A** кроваты
   - **B** кроватии
   - **C** кровати

3. книга
   - **A** книги
   - **B** книги
   - **C** книга

4. станция
   - **A** станциы
   - **B** станций
   - **C** станции

5. стрелка
   - **A** стрелки
   - **B** стрелки
   - **C** стрелоки

6. роза
   - **A** розы
   - **B** рози
   - **C** роз

7. земля
   - **A** землы
   - **B** земли
   - **C** земель

8. бровь
   - **A** брофи
   - **B** брови
   - **C** бровы

Focus Le pluriel des neutres

Choisissez le pluriel correct.

1. кресло
   - **A** креслы
   - **B** кресла
   - **C** кресли

2. море
   - **A** мори
   - **B** мора
   - **C** моря

Module 3
ОСНОВЫ

3. колено
   - **A** колены
   - **B** колени
   - **C** колена

4. весло
   - **A** веслы
   - **B** вёсла
   - **C** весли

5. такси
   - **A** такси
   - **B** таксы
   - **C** такса

6. окно
   - **A** окни
   - **B** окны
   - **C** окна

7. увлечение
   - **A** увлечения
   - **B** увлечении
   - **C** увлечениы

8. метро
   - **A** метры
   - **B** метро
   - **C** метри

Astuce Les neutres empruntés à des langues étrangères ne changent pas au pluriel et ne se déclinent pas. Autrement dit, ce sont des mots invariables.

Focus Les mots invariables

Choisissez les mots qui restent invariables au singulier et au pluriel.

Corrigé page 32

1.
   - **A** кафе
   - **B** фильм
   - **C** интервью

2.
   - **A** окно
   - **B** риск
   - **C** метро

3.
   - **A** пальто
   - **B** меню
   - **C** зеркало

4.
   - **A** радио
   - **B** книга
   - **C** море

Module 3
ОСНОВЫ

5.
- **A** жена
- **B** такси
- **C** флаги

Focus Le pluriel particulier des noms

Choisissez la bonne forme.

Corrigé page 32

1. глаз
   - **A** глаза
   - **B** глазы
2. стул
   - **A** стулы
   - **B** стулья
3. отец
   - **A** отецы
   - **B** отцы
4. брат
   - **A** братья
   - **B** браты
5. дом
   - **A** домы
   - **B** дома
6. музей
   - **A** музеи
   - **B** музеы
7. яблоко
   - **A** яблоки
   - **B** яблокы
8. учитель
   - **A** учители
   - **B** учителя
9. доктор
   - **A** доктора
   - **B** докторы
10. ухо
    - **A** ухи
    - **B** уши

Module 3
ОСНОВЫ

Astuce Certains noms masculins ont le pluriel en **а** ou **я**. D'autres pluriels sont irréguliers, tout comme le reste de leur déclinaison.

Focus Le pluriel des adjectifs

Choisissez la forme correcte.

Corrigé page 32

1. красное яблоко
   - **A** красние яблоки
   - **B** красные яблоки

2. чёрный глаз
   - **A** чёрние глаза
   - **B** чёрные глаза

3. нежная мать
   - **A** нежные матери
   - **B** нежние матери

4. тихая улица
   - **A** тихые улицы
   - **B** тихие улицы

5. тёмная аллея
   - **A** тёмние аллеи
   - **B** тёмные аллеи

6. большой дом
   - **A** большие дома
   - **B** большые дома

7. синее море
   - **A** синие моря
   - **B** синые моря

8. смешной фильм
   - **A** смешные фильмы
   - **B** смешние фильмы

Focus Le pluriel des noms et des adjectifs

Choisissez la forme au singulier des mots donnés au pluriel.

1. новые платья, *nouvelles robes*
   - **A** новая платья
   - **B** новое платье
   - **C** новый платье

27

Module 3
ОСНОВЫ

2. важные дела, *affaires importantes*

   A важный дел   **B** важная дела   **C** важное дело

3. белые стены, *murs blancs*

   A белое стено   **B** белая стена   **C** белый стена

4. спелые фрукты, *fruits mûrs*

   A спелый фрукт   **B** спелое фрукт   **C** спелая фрукта

5. длинные очереди, *longues queues*

   A длинная очередя   **B** длинный очередь   **C** длинная очередь

6. сладкие конфеты, *bonbons sucrés*

   A сладкий конфет   **B** сладкая конфета   **C** сладкое конфета

7. свободные места, *places libres*

   A свободный место   **B** свободнее место   **C** свободное место

8. жёлтые бананы, *bananes jaunes*

   A жёлтый банан   **B** жёлтая банан   **C** жёлтая банана

Focus Plurale et singulare tantum

Indiquez si le nom possède pluriel et/ou singulier quand cela est possible.

Corrigé page 32

1. брюки, *pantalon*

   A Pluriel   **B** Singulier

2. здоровье, *santé*

   A Pluriel   **B** Singulier

3. очки, *lunettes*

   A Pluriel   **B** Singulier

4. груши, *poires*

   A Pluriel   **B** Singulier

Module 3
ОСНОВЫ

5. свет, *lumière*
   - **A** Pluriel
   - **B** Singulier

6. жара, *chaleur*
   - **A** Pluriel
   - **B** Singulier

7. река, *fleuve*
   - **A** Pluriel
   - **B** Singulier

8. ножницы, *ciseaux*
   - **A** Pluriel
   - **B** Singulier

Astuce Certains noms ne possèdent que la forme du pluriel et d'autres que celle du singulier.

Focus L'accord des noms et adjectifs

Choisissez la forme correcte.

Corrigé page 32

1. Красная _____
   - **A** диван
   - **B** двери
   - **C** площадь
   - **D** стол

2. серые _____
   - **A** карандаш
   - **B** волки
   - **C** лицо
   - **D** пижама

3. чёрный _____
   - **A** ваза
   - **B** зеркало
   - **C** книга
   - **D** юмор

4. синее _____
   - **A** ручка
   - **B** хлеб
   - **C** море
   - **D** стул

Module 3
ОСНОВЫ

Focus Le verbe есть au présent de l'indicatif

Choisissez la forme verbale adaptée.

Corrigé page 32

1. Вы _____ мясо? *Mangez-vous la viande ?*
   - **A** ем
   - **B** едят
   - **C** едите

2. Маша много _____. *Macha mange beaucoup.*
   - **A** едим
   - **B** ест
   - **C** ешь

3. Они _____ всё. *Ils mangent tout.*
   - **A** едят
   - **B** едут
   - **C** едем

4. Мы хотим _____. *Nous avons faim.*
   - **A** ест
   - **B** есть
   - **C** ехать

5. Я _____ рыбу. *Je mange du poisson.*
   - **A** еду
   - **B** ем
   - **C** ест

6. Что ты _____? *Que manges-tu ?*
   - **A** едите
   - **B** едим
   - **C** ешь

Astuce Le verbe *manger* **есть** est irrégulier au présent de l'indicatif.

Focus Le verbe есть et la forme есть

Choisissez la forme correcte.

1. У вас _____ деньги? *Avez-vous de l'argent ?*
   - **A** ест
   - **B** есть
   - **C** едите

2. Они будут _____ торт. *Ils vont manger le gâteau.*
   - **A** есть
   - **B** едят
   - **C** ест

3. Мы _____ в ресторане. *Nous mangeons au restaurant.*
   - **A** едем
   - **B** едим
   - **C** едят

4. У них _____ дети? *Où vas-tu seul ?*
   - **A** ест
   - **B** едят
   - **C** есть

Module 3
СЛОВАРЬ

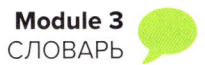

Verbe

есть *manger*

я ем	*je mange*	мы едим	*nous mangeons*
ты ешь	*tu manges*	вы едите	*vous mangez*
он/она/оно ест	*il/elle/il mange*	они едят	*ils/elles mangent*

Noms

кафе (n)	*café (endroit)*
интервью (n)	*interview*
риск (m)	*risque*
пальто (n)	*manteau*
меню (n)	*carte (au restaurant)*
флаг (m)	*drapeau*
глаз (m)	*œil*
доктор (m)	*docteur*
улица (f)	*rue*
аллея (f)	*allée*
фильм (m)	*film*
стена (f)	*mur*
брюки (pl)	*pantalon*
здоровье (n)	*santé*
очки (pl)	*lunettes*
свет (m, sing)	*lumière*
река (f)	*fleuve*
ножницы (pl)	*ciseaux*
дверь (f)	*porte*
лицо (n)	*visage*
пижама (f)	*pyjama*
волк (m)	*loup*
юмор (m)	*humour*
мясо (n)	*viande*
рыба (f)	*poisson*
деньги (pl)	*argent*

Adjectifs

важный	*important*
спелый	*mûr*
свободный	*libre*

Module 3
ОТВЕТЫ

Основы

PAGE 23 - Le pluriel des masculins
1 **C** 2 **B** 3 **A** 4 **B** 5 **A** 6 **B** 7 **C** 8 **B** 9 **C** 10 **B**

PAGE 24 - Le pluriel des féminins
1 **A** 2 **C** 3 **B** 4 **C** 5 **B** 6 **A** 7 **B** 8 **B**

PAGES 24-25 - Le pluriel des neutres
1 **B** 2 **C** 3 **B** 4 **B** 5 **A** 6 **C** 7 **A** 8 **B**

PAGES 25-26 - Les mots invariables
1 **A** / **C** 2 **C** 3 **A** / **B** 4 **A** 5 **B**

PAGE 26 - Le pluriel particulier des noms
1 **A** 2 **B** 3 **B** 4 **A** 5 **B** 6 **A** 7 **A** 8 **B** 9 **A** 10 **B**

PAGE 27 - Le pluriel des adjectifs
1 **B** 2 **B** 3 **A** 4 **B** 5 **B** 6 **A** 7 **A** 8 **A**

PAGES 27-28 - Le pluriel des noms et des adjectifs
1 **B** 2 **C** 3 **B** 4 **A** 5 **C** 6 **B** 7 **C** 8 **A**

PAGES 28-29 - Plurale et singulare tantum
1 **A** 2 **B** 3 **A** 4 **A** / **B** 5 **B** 6 **B** 7 **A** / **B** 8 **A**

PAGE 29 - L'accord des noms et adjectifs
1 **C** 2 **B** 3 **D** 4 **C**

PAGE 30 - Le verbe есть au présent de l'indicatif
1 **C** 2 **B** 3 **A** 4 **B** 5 **B** 6 **C**

PAGE 30 - Le verbe есть et la forme есть
1 **B** 2 **A** 3 **B** 4 **C**

Vous avez obtenu entre 0 et 20 ? Reprenez chaque question en regardant les endroits où vous avez fait des erreurs.

Vous avez obtenu entre 21 et 36 ? C'est très moyen, mais ne vous découragez pas.

Vous avez obtenu entre 37 et 51 ? Analysez vos erreurs et révisez les notions, vous êtes sur la bonne voie !

Vous avez obtenu entre 52 et 67 ? Félicitations !

Vous avez obtenu 68 et plus ? Восхитительно! Браво!

Module 4
ОСНОВЫ

Focus Cardinaux 1 à 10

Choisissez la forme correcte.

Corrigé page 41

1. 1
   - **A** один
   - **B** адин

2. 2
   - **A** тва
   - **B** два

3. 3
   - **A** тры
   - **B** три

4. 4
   - **A** четыря
   - **B** четыре

5. 5
   - **A** пять
   - **B** пьять

6. 6
   - **A** шьест
   - **B** шесть

7. 7
   - **A** семь
   - **B** сем

8. 8
   - **A** восемь
   - **B** восьемь

9. 9
   - **A** девить
   - **B** девять

10. 10
    - **A** десять
    - **B** десить

Module 4
ОСНОВЫ

Focus Les mots interrogatifs

Choisissez le(s) mot(s) interrogatif(s) qui convien(nen)t.

Corrigé page 41

1. _____ вы пришли?
   - **A** Где
   - **B** Когда
   - **C** Сколько

2. _____ эта девушка?
   - **A** Кто
   - **B** Сколько
   - **C** Что

3. _____ метро?
   - **A** Где
   - **B** Куда
   - **C** Кто

4. _____ вам это?
   - **A** Сколько
   - **B** Как
   - **C** Зачем

5. _____ все идут?
   - **A** Куда
   - **B** Кто
   - **C** Где

6. _____ тебя зовут?
   - **A** Что
   - **B** Как
   - **C** Кто

7. _____ они едят?
   - **A** Кто
   - **B** Что
   - **C** Сколько

Astuce Comme l'ordre des mots est assez libre dans la phrase russe, la question se pose via l'intonation ou grâce à un mot interrogatif. Ce mot se place généralement en début de la phrase.

Focus Les phrases interrogatives

Posez la bonne question.

1. - Она читает.
   - **A** - Кто в библиотеку?
   - **B** - Что она делает?
   - **C** - Ты здесь?

2. - У окна.
   - **A** - Где он стоит?
   - **B** - Почему он стоит?
   - **C** - Сколько он стоит?

Module 4
ОСНОВЫ

3. - Сто рублей.
   - **A** - Где они?   **B** - Сколько это стоит?   **C** - Где они стоят?

4. - В школу.
   - **A** - Откуда ты?   **B** - Где ты?   **C** - Куда ты идёшь?

5. - На столе.
   - **A** - Где деньги?   **B** - Куда мы едем?   **C** - Что это?

6. - Журналистка.
   - **A** - Кто она?   **B** - Кто он?   **C** - Кто дети?

Focus Les interrogatifs avec ou sans mouvement

Choisissez l'interrogatif qui convient.

Corrigé page 41

1. _____ она идёт?
   - **A** Куда   **B** Где

2. _____ моя книга?
   - **A** Куда   **B** Где

3. _____ ты спешишь?
   - **A** Куда   **B** Где

4. _____ они будут завтра?
   - **A** Куда   **B** Где

Astuce Comme les verbes **идти** et **быть** sont souvent sous-entendus au présent, les mots interrogatifs portent en eux la notion du déplacement ou de l'état statique. **Куда** exprime le mouvement et **где** marque l'état stationnaire.

Focus Les interrogatifs avec ou sans mouvement

Choisissez l'interrogatif correct.

1. _____ вы едете? – Из музея.
   - **A** Куда   **B** Откуда

Module 4
ОСНОВЫ

2. _____ мы едем? – К маме.
   - **A** Куда
   - **B** Откуда

3. Знаешь, _____ я еду? – В театр.
   - **A** Куда
   - **B** Откуда

4. _____ они едут? – От врача.
   - **A** Куда
   - **B** Откуда

Astuce Le verbe **ехать**, *aller*, change la lettre **х** en **д** lors de sa conjugaison au présent.

Focus Le pronom personnel

Choisissez la forme correcte.

Corrigé page 41

1. кафе, *café*
   - **A** он
   - **B** она
   - **C** оно

2. тетрадь, *cahier*
   - **A** он
   - **B** она
   - **C** оно

3. дом, *maison*
   - **A** он
   - **B** она
   - **C** оно

4. словарь, *dictionnaire*
   - **A** он
   - **B** она
   - **C** оно

5. озеро, *lac*
   - **A** он
   - **B** она
   - **C** оно

6. семья, *famille*
   - **A** он
   - **B** она
   - **C** оно

7. письмо, *lettre*
   - **A** он
   - **B** она
   - **C** оно

8. собака, *chien*
   - **A** он
   - **B** она
   - **C** оно

Module 4
ОСНОВЫ

Focus Les mots interrogatifs

Choisissez la bonne terminaison.

Corrigé page 41

1. Как__ платье?
   - **A** ие
   - **B** ая
   - **C** ой
   - **D** ое

2. Как__ человек?
   - **A** ой
   - **B** ая
   - **C** ое
   - **D** ие

3. Как__ проблемы?
   - **A** ая
   - **B** ие
   - **C** ые
   - **D** ой

4. Как__ работа?
   - **A** ое
   - **B** ой
   - **C** ая
   - **D** ий

5. Как__ день?
   - **A** а
   - **B** ое
   - **C** ие
   - **D** ой

6. Как__ дверь?
   - **A** ие
   - **B** ая
   - **C** ой
   - **D** ое

Astuce L'interrogatif **какой**, *quel*, s'accorde avec le nom et se décline comme un adjectif.

Focus Les noms de professions

Choisissez le bon adjectif.

1. Таня _____ юрист.
   - **A** хорошая
   - **B** хороший

Module 4
ОСНОВЫ

2. Она _____ президент.
   - **A** хороший
   - **B** хорошая

3. Лена _____ подруга.
   - **A** хорошая
   - **B** хороший

4. Валя _____ журналистка.
   - **A** хороший
   - **B** хорошая

5. Юра _____ повар.
   - **A** хороший
   - **B** хорошая

Astuce Certaines professions n'ont pas de forme féminine. Dans ce cas, l'adjectif s'accorde au masculin.

Focus Les mots interrogatifs

Posez la bonne question.

Corrigé page 41

1. _____ бельё?
   - **A** Чьё
   - **B** Чей
   - **C** Чья

2. _____ фамилия?
   - **A** Чей
   - **B** Чьи
   - **C** Чья

3. _____ флаг?
   - **A** Чей
   - **B** Чьё
   - **C** Чьи

4. _____ брюки?
   - **A** Чья
   - **B** Чьи
   - **C** Чьё

5. _____ парень?
   - **A** Чьё
   - **B** Чья
   - **C** Чей

6. _____ вещь?
   - **A** Чьи
   - **B** Чья
   - **C** Чьё

Astuce Le mot interrogatif **чей**, *à qui*, s'accorde avec le nom en genre et en nombre.

Module 4
ОСНОВЫ

Focus Conjugaison

Choisissez le bon pronom.

1. еду
   - **A** ты
   - **B** она
   - **C** я

2. едете
   - **A** мы
   - **B** вы
   - **C** ты

3. едут
   - **A** она
   - **B** он
   - **C** они

4. едем
   - **A** оно
   - **B** мы
   - **C** вы

5. едешь
   - **A** ты
   - **B** вы
   - **C** она

Astuce Parfois le pronom est omis car la forme du verbe contient déjà beaucoup d'information sur le sujet de l'action.

Focus Les mots interrogatifs

Complétez la question.

1. Чья это _____ ? *À qui est cette chatte ?*
   - **A** игла
   - **B** кошка
   - **C** ручка

2. Чьи это _____ ? *À qui sont ces lunettes ?*
   - **A** брюки
   - **B** очки
   - **C** деньги

3. Чей это _____ ? *À qui est cet imperméable ?*
   - **A** стул
   - **B** баран
   - **C** плащ

4. Чьё это _____ ? *À qui est cette serviette ?*
   - **A** полотенце
   - **B** весло
   - **C** кресло

Module 4
СЛОВАРЬ

Verbes

прийти	arriver (à pied)
звать	appeler
спешить	se dépêcher, se presser

ехать aller (avec un moyen de locomotion)

я еду	je vais	мы едем	nous allons
ты едешь	tu vas	вы едете	vous allez
он/она/оно едет	il/elle/il va	они едут	ils/elles vont

Noms

девушка (f)	jeune fille, copine
библиотека (f)	bibliothèque
рубль (m)	rouble (monnaie russe)
школа (f)	école
журналист (m), -ка (f)	journaliste
врач (m)	médecin, docteur
тетрадь (f)	cahier
словарь (m)	dictionnaire
озеро (n)	lac
семья (f)	famille
письмо (n)	lettre
собака (f)	chien
человек (m)	homme (être)
юрист (m, f)	juriste
президент (m, f)	président
подруга (f)	amie
повар (m, f)	cuisinier
фамилия (f)	nom de famille
парень (m)	jeune homme, copain
вещь (f)	chose
кошка (f)	chatte
ручка (f)	stylo
баран (m)	mouton
плащ (m)	imperméable
полотенце (n)	serviette

Module 4
ОТВЕТЫ

Основы

PAGE 33 - Cardinaux 1 à 10
1 **A** 2 **B** 3 **B** 4 **B** 5 **A** 6 **B** 7 **A** 8 **A** 9 **B** 10 **A**

PAGE 34 - Les mots interrogatifs
1 **B** 2 **A** 3 **A** 4 **B**/**C** 5 **A** 6 **B** 7 **B**/**C**

PAGES 34-35 - Les phrases interrogatives
1 **B** 2 **A** 3 **B** 4 **C** 5 **A** 6 **A**

PAGE 35 - Les interrogatifs avec ou sans mouvement
1 **A** 2 **B** 3 **A** 4 **B**

PAGES 35-36 - Les interrogatifs avec ou sans mouvement
1 **B** 2 **A** 3 **A** 4 **B**

PAGE 36 - Le pronom personnel
1 **C** 2 **B** 3 **A** 4 **A** 5 **C** 6 **B** 7 **C** 8 **B**

PAGE 37 - Les mots interrogatifs
1 **D** 2 **A** 3 **B** 4 **C** 5 **D** 6 **B**

PAGES 37-38 - Les noms de professions
1 **B** 2 **A** 3 **A** 4 **B** 5 **A**

PAGE 38 - Les mots interrogatifs
1 **A** 2 **C** 3 **A** 4 **B** 5 **C** 6 **B**

PAGE 39 - Conjugaison
1 **C** 2 **B** 3 **C** 4 **B** 5 **A**

PAGE 39 - Les mots interrogatifs
1 **B** 2 **B** 3 **C** 4 **A**

Vous avez obtenu entre 0 et 12 ? Reprenez chaque question en regardant les endroits où vous avez fait des erreurs.

Vous avez obtenu entre 13 et 26 ? C'est très moyen, mais ne vous découragez pas.

Vous avez obtenu entre 27 et 40 ? Analysez vos erreurs et révisez les notions, vous êtes sur la bonne voie !

Vous avez obtenu entre 41 et 54 ? Félicitations !

Vous avez obtenu 55 et plus ? Восхитительно! Браво!

Module 5
ОСНОВЫ

Focus Les adjectifs possessifs

Choisissez la bonne forme.

Corrigé page 50

1. _____ расписание
   - **A** Мой
   - **B** Моё
   - **C** Моя
   - **D** Мои

2. _____ ручка
   - **A** Твоё
   - **B** Твои
   - **C** Твоя
   - **D** Твой

3. _____ словарь
   - **A** Наша
   - **B** Наше
   - **C** Наши
   - **D** Наш

4. _____ вещь
   - **A** Моя
   - **B** Моё
   - **C** Мой
   - **D** Мои

5. _____ письмо
   - **A** Наши
   - **B** Наш
   - **C** Наше
   - **D** Наша

6. _____ родители
   - **A** Ваш
   - **B** Ваше
   - **C** Ваша
   - **D** Ваши

Astuce Les adjectifs possessifs s'accordent avec le nom en genre et en nombre.

Focus Les adjectifs possessifs

Complétez la phrase.

1. Это мой брат и _____ родители.
   - **A** мои
   - **B** наш
   - **C** твоё

Module 5
ОСНОВЫ

2. Как хочешь. Это _____ дела.

   A ваша   **B** мой   **C** твои

3. Знакомься, это _____ девушка.

   A моя   **B** ваши   **C** твой

4. Не _____ дело!

   A твоё   **B** мой   **C** наша

5. _____ дом больше нашего.

   A наше   **B** ваш   **C** моя

Focus **Les adjectifs possessifs**

Répondez à la question.

Corrigé page 50

1. Чьи это ключи?

   A моя   **C** мой
   B твой   **D** наши

2. Чей это стол?

   A твои   **C** ваша
   B мой   **D** наша

3. Чья это часть?

   A твоя   **C** твоё
   B ваше   **D** мой

4. Чьё это предложение?

   A наше   **C** ваш
   B мой   **D** твоя

Module 5
ОСНОВЫ

Focus Les adjectifs possessifs

Choisissez la bonne forme.

Corrigé page 50

1. Это кот Татьяны. Это ____ кот.
   - **A** его
   - **B** её

2. Это книга брата. Это ____ книга.
   - **A** его
   - **B** её

3. Это бельё мамы. Это ____ бельё.
   - **A** его
   - **B** её

4. Это цвет окна. Это ____ цвет.
   - **A** его
   - **B** её

5. Это девушка моего друга. Это ____ девушка.
   - **A** его
   - **B** её

6. Это письмо учительницы. Это ____ письмо.
   - **A** его
   - **B** её

7. Это фотография Олега. Это ____ фотография.
   - **A** его
   - **B** её

8. Это лицо подруги. Это ____ лицо.
   - **A** его
   - **B** её

Astuce Les possessifs de la 3ᵉ personne du singulier se rapportent au possesseur de l'objet et s'accordent avec celui-ci en genre. Ils sont invariables, ils n'ont donc pas de déclinaison.

Focus Les adjectifs possessifs

Choisissez le bon possessif (plusieurs variantes sont possibles).

1. ____ дети, *leurs enfants*
   - **A** его
   - **B** её
   - **C** их

Module 5
ОСНОВЫ

2. ___ друг, *son ami*
   - **A** их
   - **B** его
   - **C** её

3. ___ школа, *leur école*
   - **A** её
   - **B** их
   - **C** его

4. ___ пальто, *son manteau*
   - **A** его
   - **B** её
   - **C** их

Astuce Le possessif de la 3ᵉ personne du pluriel n'a qu'une forme pour tous les genres.

Focus **Les adjectifs possessifs**

Choisissez le bon possessif (plusieurs variantes possibles).

Corrigé page 50

1. Это _____ дети.
   - **A** их
   - **B** моя
   - **C** твоё
   - **D** её

2. _____ мама рядом.
   - **A** мой
   - **B** его
   - **C** ваш
   - **D** наша

3. Это _____ дом.
   - **A** наш
   - **B** их
   - **C** твой
   - **D** моя

4. _____ школа больше твоей.
   - **A** моя
   - **B** свой
   - **C** наш
   - **D** её

5. _____ платье очень красивое.
   - **A** твоё
   - **B** ваше
   - **C** её
   - **D** моя

45

Module 5
ОСНОВЫ

6. _____ дочь такая большая!
   - **A** наши
   - **B** мой
   - **C** твоя
   - **D** ваша

Focus Les adjectifs ordinaux

Accordez le nom avec l'ordinal qui convient.

Corrigé page 50

1. правило, *règle*
   - **A** первый
   - **B** первая
   - **C** первое

2. этап, *étape*
   - **A** вторая
   - **B** второй
   - **C** второе

3. словарь, *dictionnaire*
   - **A** третье
   - **B** третья
   - **C** третий

4. книга, *livre*
   - **A** четвёртое
   - **B** четвёртая
   - **C** четвёрый

5. кофе, *café*
   - **A** пятое
   - **B** пятый
   - **C** пятая

6. очки, *lunettes*
   - **A** шестые
   - **B** шестая
   - **C** шестое

7. укол, *piqûre*
   - **A** седьмая
   - **B** седьмое
   - **C** седьмой

8. станция, *station*
   - **A** восьмой
   - **B** восьмая
   - **C** восьмые

9. минута, *minute*
   - **A** девятая
   - **B** девятый
   - **C** девятое

10. ученик, *élève*
    - **A** десятый
    - **B** десятое
    - **C** десятая

Module 5
ОСНОВЫ

> **Astuce** Les adjectifs ordinaux s'accordent avec le nom et se déclinent comme des adjectifs.

Focus Les adjectifs ordinaux

Retrouvez la forme du singulier de l'adjectif ordinal.

Corrigé page 50

1. пятые книги
   - **A** пятая книга
   - **B** пятый книга
   - **C** пятое книга

2. первые дни
   - **A** первое день
   - **B** первый день
   - **C** первая день

3. вторые окна
   - **A** второй окно
   - **B** вторая окно
   - **C** второе окно

4. десятые разы
   - **A** десятый раз
   - **B** десятое раз
   - **C** десятая раз

Focus Conjugaison

Choisissez le bon pronom.

1. говорите
   - **A** он
   - **B** я
   - **C** вы

2. говорят
   - **A** они
   - **B** он
   - **C** вы

3. говорит
   - **A** она
   - **B** ты
   - **C** они

4. говоришь
   - **A** оно
   - **B** мы
   - **C** ты

5. говорит
   - **A** я
   - **B** он
   - **C** они

6. говорю
   - **A** вы
   - **B** ты
   - **C** я

Module 5
ОСНОВЫ

7. говорит
   - **A** оно
   - **B** они
   - **C** мы

8. говорим
   - **A** они
   - **B** мы
   - **C** ты

Astuce Le verbe **говорить** appartient à la seconde conjugaison avec la voyelle de base en **и**. C'est un verbe régulier.

Focus Conjugaison

Complétez la phrase avec la forme correcte.

Corrigé page 50

1. Что она _____? *Que dit-elle ?*
   - **A** говорят
   - **B** говорит
   - **C** говорим

2. Вы _____ по-русски? *Parlez-vous russe ?*
   - **A** говорю
   - **B** говорит
   - **C** говорите

3. О чём они _____? *De quoi parlent-ils ?*
   - **A** говорит
   - **B** говорят
   - **C** говорим

4. Вот я и _____! *C'est ce que je dis !*
   - **A** говорят
   - **B** говорит
   - **C** говорю

5. Мы _____ по-французски. *Nous parlons français.*
   - **A** говорим
   - **B** говорит
   - **C** говорите

6. Почему ты так _____? *Pourquoi dis-tu cela ?*
   - **A** говоришь
   - **B** говорит
   - **C** говорим

7. Он всегда это _____. *Il le dit toujours.*
   - **A** говорят
   - **B** говорит
   - **C** говорим

8. _____, это он. *On dit que c'est lui.*
   - **A** говорят
   - **B** говорит
   - **C** говорим

Module 5
СЛОВАРЬ

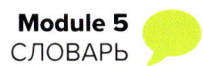

Verbes

знакомиться	faire connaissance
хотеть	vouloir

говорить *parler*

я говорю	je parle	мы говорим	nous parlons
ты говоришь	tu parles	вы говорите	vous parlez
он/она/оно говорит	il/elle/il parle	они говорят	ils/elles parlent

Noms

расписание (n)	emploi du temps
родитель (m)	parent
ключ (m)	clé
предложение (n)	proposition
цвет (m)	couleur
учительница (f)	maîtresse, professeur, institutrice
фотография (f)	photographie
дети (pl)	enfants
друг (m)	ami
дочь (f)	fille (lien de parenté)
правило (n)	règle
этап (m)	étape
укол (m)	piqûre
ученик (m)	élève
раз (m)	fois

Adjectifs et adverbes

красивый	beau
большой	grand
рядом	à côté
по-русски	(en) russe
по-французски	(en) français

Module 5
ОТВЕТЫ

Основы

PAGE 42 - Les adjectifs possessifs
1 **B** 2 **C** 3 **D** 4 **A** 5 **C** 6 **D**

PAGES 42-43 - Les adjectifs possessifs
1 **A** 2 **C** 3 **A** 4 **A** 5 **B**

PAGE 43 - Les adjectifs possessifs
1 **D** 2 **B** 3 **A** 4 **A**

PAGE 44 - Les adjectifs possessifs
1 **B** 2 **A** 3 **B** 4 **A** 5 **A** 6 **B** 7 **A** 8 **B**

PAGES 44-46 - Les adjectifs possessifs
1 **C** 2 **B**/**C** 3 **B** 4 **A**/**B**
1 **A**/**D** 2 **B**/**D** 3 **A**/**B**/**C** 4 **A**/**D** 5 **A**/**B**/**C** 6 **C**/**D**

PAGES 46-47 - Les adjectifs ordinaux
1 **C** 2 **B** 3 **C** 4 **B** 5 **B** 6 **A** 7 **C** 8 **B** 9 **A** 10 **A**
1 **A** 2 **B** 3 **C** 4 **A**

PAGES 47-48 - Conjugaison
1 **C** 2 **A** 3 **A** 4 **C** 5 **B** 6 **C** 7 **A** 8 **B**
1 **B** 2 **C** 3 **B** 4 **C** 5 **A** 6 **A** 7 **B** 8 **A**

Vous avez obtenu entre 0 et 10 ? Reprenez chaque question en regardant les endroits où vous avez fait des erreurs.

Vous avez obtenu entre 11 et 24 ? C'est très moyen, mais ne vous découragez pas.

Vous avez obtenu entre 25 et 38 ? Analysez vos erreurs et révisez les notions, vous êtes sur la bonne voie !

Vous avez obtenu entre 39 et 52 ? Félicitations !

Vous avez obtenu 53 et plus ? Восхитительно! Браво!

Module 6
ОСНОВЫ

Focus Le locatif

Complétez les questions.

Corrigé page 60

1. _____ вы едете?
   - **A** Куда
   - **B** Где

2. _____ они сейчас находятся?
   - **A** Где
   - **B** Куда

3. _____ метро?
   - **A** Где
   - **B** Куда

4. _____ твои ключи?
   - **A** Куда
   - **B** Где

> **Astuce** Le locatif est le cas utilisé pour situer les objets sans mouvement. C'est le lieu où l'objet se trouve. Ce cas est souvent appelé « prépositionnel » car il s'utilise avec des prépositions. La terminaison du locatif pour la plupart des noms est **e**.

Focus Le locatif singulier

Complétez avec la bonne terminaison.

1. театр → в театр__
   - **A** е
   - **B** и

2. площадь → на площад__
   - **A** е
   - **B** и

3. музей → в музе__
   - **A** е
   - **B** и

4. голова → в голов__
   - **A** е
   - **B** и

5. море → на мор__
   - **A** е
   - **B** и

Module 6
ОСНОВЫ

6. дверь → в двер__

   A е   **B** и

Astuce Les noms féminins en signe mou prennent la terminaison **и**.

Focus Le locatif singulier

Mettez le nom au locatif.

Corrigé page 60

1. аллея
   - **A** аллеи
   - **B** аллее
   - **C** аллие

2. конституция
   - **A** конституции
   - **B** конституцее
   - **C** конституцие

3. талия
   - **A** талие
   - **B** талее
   - **C** талии

4. семья
   - **A** семье
   - **B** семье
   - **C** семьи

5. значение
   - **A** значении
   - **B** значение
   - **C** значенее

6. фамилия
   - **A** фамилее
   - **B** фамилие
   - **C** фамилии

7. идея
   - **A** идее
   - **B** идеи
   - **C** идие

8. объявление
   - **A** объявленее
   - **B** объявлении
   - **C** объявление

Astuce Au locatif, les noms féminins se terminant en **ия** et les neutres en **ие** prennent la terminaison **ии**.

Module 6
ОСНОВЫ

Focus Le locatif singulier

Choisissez la bonne forme du locatif.

Corrigé page 60

1. Она в лифт__.
   - **A** лифту
   - **B** лифте
   - **C** лифт

2. Звери в лес__.
   - **A** лес
   - **B** лесе
   - **C** лесу

3. Они уже в аэропорт__.
   - **A** аэропорте
   - **B** аэропорту
   - **C** аэропорт

4. Думаю о лес__.
   - **A** лесе
   - **B** лесу
   - **C** лес

5. Вещи лежат в шкаф__.
   - **A** шкафе
   - **B** шкаф
   - **C** шкафу

6. В сад__ розы.
   - **A** саду
   - **B** саде
   - **C** сады

7. В фильм__ много актёров.
   - **A** фильму
   - **B** фильме
   - **C** фильми

8. На мост__ полиция.
   - **A** мости
   - **B** мосту
   - **C** мосте

Astuce Certains noms masculins ont le locatif en **y** quand ils situent l'objet. En revanche, s'ils prennent un autre sens (certaines prépositions nécessitent également l'utilisation du locatif mais dans ce cas il ne s'agit pas de situer l'objet), leur locatif sera classique en **e**.

Focus Le locatif singulier

Complétez la phrase avec la forme adaptée.

1. Мы на _____. *Nous sommes au marché.*
   - **A** Мы на рынке.
   - **B** Мы на рыноке.

Module 6
ОСНОВЫ

2. Дети в _____. *Les enfants sont à l'école.*

   A Дети в школи.   **B** Дети в школе.

3. В _____ есть рыба. *Dans le lac, il y a du poisson.*

   A В озере есть рыба.   **B** В озеро есть рыба.

4. Я на _____. *Je suis en voiture.*

   A Я на машине.   **B** Я на машини.

5. Все стоят на _____. *Tout le monde est sur le pont.*

   A Все стоят на мосте. **B** Все стоят на мосту.

6. Ключ в _____. *La clé est sur la porte.*

   A Ключ в двери.   **B** Ключ в двере.

7. В _____ пожар! *Il y a un incendie dans le bâtiment !*

   A В здание пожар!   **B** В здании пожар!

8. Книга на _____. *Le livre est sur la table.*

   A Книга на столу.   **B** Книга на столе.

Focus Le locatif singulier

Choisissez la bonne préposition.

Corrigé page 60

1. ___ почте, *à la poste*

   A в   **B** на

2. ___ саду, *dans le jardin*

   A на   **B** в

3. ___полу, *par terre, sur le sol*

   A в   **B** на

4. ___улице, *dans la rue*

   A на   **B** в

Module 6
ОСНОВЫ

5. ____ тренировке, *à l'entraînement*

    A в   **B** на

6. ____ дворе, *dans la cour*

    A в   **B** во

7. ____ уроке, *en cours*

    A на   **B** в

Astuce Les prépositions **в** et **на** sont les plus utilisées avec le locatif pour situer l'objet. Parfois un **o** s'intercale après **в** pour faciliter la prononciation.

Focus Le locatif pluriel

Choisissez la bonne forme du locatif pluriel.

Corrigé page 60

1. кровать

    A кроватях   **B** кроватах

2. проблема

    A проблемях   **B** проблемах

3. кресло

    A креслах   **B** креслях

4. музей

    A музеях   **B** музеах

5. ухо

    A ухах   **B** ушах

6. день

    A днях   **B** денях

Astuce Le locatif pluriel est formé à l'aide de la terminaison **ах** pour les noms durs et **ях** pour les mous. Parfois, une voyelle mobile est observée lors de la déclinaison.

Module 6
ОСНОВЫ

Focus Le locatif pluriel

Transformez la phrase au pluriel.

Corrigé page 60

1. на рынке
   - **A** на рынoках
   - **B** на рынках

2. в метро
   - **A** в метро
   - **B** в метрах

3. на море
   - **A** на морях
   - **B** на морах

4. в очереди
   - **A** в очередьях
   - **B** в очередях

Focus Le locatif des mois de l'année

Choisissez la forme correcte.

1. март, *mars* → *en mars*
   - **A** в марте
   - **B** в марти

2. январь, *janvier* → *en janvier*
   - **A** на январе
   - **B** в январе

3. май, *mai* → *en mai*
   - **A** в мае
   - **B** в майе

4. июль, *juillet* → *en juillet*
   - **A** в июле
   - **B** в июле

5. сентябрь, *septembre* → *en septembre*
   - **A** на сентябре
   - **B** в сентябре

6. декабрь, *décembre* → *en décembre*
   - **A** в декабрю
   - **B** в декабре

7. апрель, *avril* → *en avril*
   - **A** в апреле
   - **B** на апрели

Module 6
ОСНОВЫ

> **Astuce** Pour situer un événement dans l'année, on utilise la préposition **в**, suivie du nom du mois de l'année. Tous les mois de l'année prennent la terminaison **e**.

Focus La conjugaison

Choisissez le bon pronom.

Corrigé page 60

1. ___ хотите
   - **A** я
   - **B** мы
   - **C** ты
   - **D** вы

2. ___ хочу
   - **A** она
   - **B** он
   - **C** я
   - **D** мы

3. ___ хотят
   - **A** они
   - **B** ты
   - **C** вы
   - **D** я

4. ___ хочет
   - **A** мы
   - **B** она
   - **C** они
   - **D** ты

5. ___ хотим
   - **A** он
   - **B** они
   - **C** я
   - **D** мы

6. ___ хочешь
   - **A** оно
   - **B** вы
   - **C** ты
   - **D** я

> **Astuce** Le verbe **хотеть**, *vouloir*, a la conjugaison mixte au présent : il appartient à la 1re conjugaison au singulier et à la 2e au pluriel. Attention à l'accent tonique qui se déplace lors de la conjugaison.

Module 6
ОСНОВЫ

Focus — La conjugaison

Choisissez la bonne forme verbale.

Corrigé page 60

1. Лена _____ в кино.
   - **A** хотим
   - **B** хочет
   - **C** хочу

2. Они _____ с нами.
   - **A** хотят
   - **B** хотите
   - **C** хочешь

3. Я _____ банан.
   - **A** хочет
   - **B** хочу
   - **C** хотим

4. Вы _____ плакать?
   - **A** хотим
   - **B** хочете
   - **C** хотите

5. Ты _____ кофе.
   - **A** хочешь
   - **B** хотим
   - **C** хочет

6. Мы _____ быть рядом.
   - **A** хочу
   - **B** хотят
   - **C** хотим

Focus — Le locatif pluriel

Choisissez la bonne traduction.

1. *J'ai faim.*
   - **A** Я хочу пить.
   - **B** Я хочу есть.

2. *Elle a soif.*
   - **A** Она хочет спать.
   - **B** Она хочет пить.

3. *Les enfants ont sommeil.*
   - **A** Дети хотят спать.
   - **B** Дети хотят есть.

Astuce Le verbe **хотеть** est utilisé pour former certaines expressions, comme *j'ai faim, j'ai soif*, etc.

Module 6
СЛОВАРЬ

Verbes

находиться	se trouver
пить	boire
спать	dormir
быть	être

хотеть *vouloir*

я хочу	je veux	мы хотим	nous voulons
ты хочешь	tu veux	вы хотите	vous voulez
он/она/оно хочет	il/elle/il veut	они хотят	ils/elles veulent

Noms

конституция (f)	constitution
талия (f)	taille
значение (n)	signification
идея (f)	idée
объявление (n)	annonce
лифт (m)	ascenseur
зверь (m)	bête, animal
лес (m)	forêt
аэропорт (m)	aéroport
шкаф (m)	armoire
сад (m)	jardin
актёр (m)	acteur
мост (m)	pont
полиция (f)	police
пожар (m)	incendie
почта (f)	poste
пол (m)	sol
двор (m)	cour
урок (m)	leçon, cours

Module 6
ОТВЕТЫ

Основы

PAGE 51 - Le locatif
1**A** 2**A** 3**A** 4**B**

PAGES 51-55 - Le locatif singulier
1**A** 2**B** 3**A** 4**A** 5**A** 6**B**
1**B** 2**A** 3**C** 4**B** 5**A** 6**C** 7**A** 8**B**
1**B** 2**C** 3**B** 4**A** 5**C** 6**A** 7**B** 8**B**
1**A** 2**B** 3**A** 4**A** 5**B** 6**A** 7**B** 8**B**
1**B** 2**B** 3**B** 4**A** 5**B** 6**B** 7**A**

PAGES 55-56 - Le locatif pluriel
1**A** 2**B** 3**A** 4**A** 5**B** 6**A**
1**B** 2**A** 3**A** 4**B**

PAGES 56-57 - Le locatif des mois de l'année
1**A** 2**B** 3**A** 4**B** 5**B** 6**B** 7**A**

PAGES 57-58 - La conjugaison
1**D** 2**C** 3**A** 4**B** 5**D** 6**C**
1**B** 2**A** 3**B** 4**C** 5**A** 6**C**

PAGE 58 - Le locatif pluriel
1**B** 2**B** 3**A**

VOTRE SCORE :

Vous avez obtenu entre 0 et 20 ? Reprenez chaque question en regardant les endroits où vous avez fait des erreurs.

Vous avez obtenu entre 21 et 34 ? C'est très moyen, mais ne vous découragez pas.

Vous avez obtenu entre 35 et 48 ? Analysez vos erreurs et révisez les notions, vous êtes sur la bonne voie !

Vous avez obtenu entre 49 et 62 ? Félicitations !

Vous avez obtenu 63 et plus ? Восхитительно! Браво!

Module 7
ОСНОВЫ

Focus Les adjectifs

Retrouvez la bonne question.

Corrigé page 69

1. зверь
   - **A** Какой?
   - **B** Какая?
   - **C** Какое?

2. укол
   - **A** Какая?
   - **B** Какие?
   - **C** Какой?

3. вещь
   - **A** Какой?
   - **B** Какая?
   - **C** Какие?

4. письмо
   - **A** Какие?
   - **B** Какое?
   - **C** Какая?

5. правило
   - **A** Какие?
   - **B** Какой?
   - **C** Какое?

6. полотенца
   - **A** Какой?
   - **B** Какие?
   - **C** Какая?

Astuce Les adjectifs répondent aux questions suivantes : **Какой? Какая? Какое? Какие?**

Focus Le locatif des adjectifs singuliers au masculin et neutre

Mettez la phrase au locatif.

1. маленький парк
   - **A** маленьком парке
   - **B** маленьком парке

2. новое платье
   - **A** новом платье
   - **B** новам платьи

3. белый шкаф
   - **A** белем шкафе
   - **B** белом шкафу

4. лишний человек
   - **A** лишном человеке
   - **B** лишнем человеке

Module 7
ОСНОВЫ

5. большой дом
   - **A** большом доме
   - **B** большем доме
6. синее небо
   - **A** синем небе
   - **B** сином небе
7. тихий звук
   - **A** тихем звуке
   - **B** тихом звуке

Astuce Le locatif des adjectifs masculins au singulier est formé avec la terminaison **ом** pour les durs et **ем** pour les mous.

Focus Le locatif des adjectifs singuliers au féminin

Mettez la phrase au locatif.

Corrigé page 69

1. красная крыша
   - **A** красной крыше
   - **B** красней крыше
2. синяя юбка
   - **A** синой юбке
   - **B** синей юбке
3. французская книга
   - **A** французской книге
   - **B** французской книге
4. длинная очередь
   - **A** длинней очереди
   - **B** длинной очереди

Astuce Le locatif des adjectifs féminins au singulier est formé avec la terminaison **ой** pour les durs et **ей** pour les mous.

Focus Le locatif pluriel des adjectifs

Choisissez la forme correcte du locatif pluriel.

1. оранжевые
   - **A** оранжевый
   - **B** оранжевых

Module 7
ОСНОВЫ

2. синие
   - **A** синим
   - **B** синих

3. грустные
   - **A** грустных
   - **B** грустних

4. вкусные
   - **A** вкусних
   - **B** вкусных

5. прежний
   - **A** прежних
   - **B** прежных

6. смелый
   - **A** смелых
   - **B** смелих

Astuce Le locatif des adjectifs quel que soit le genre est formé avec la terminaison **ых** pour les durs et **их** pour les mous.

Focus Le locatif des adjectifs

Trouvez la terminaison correcte.

Corrigé page 69

1. Он работает в русск__ компании.
   - **A** ом
   - **B** их
   - **C** ой

2. Мы едим в нов__ ресторане.
   - **A** ом
   - **B** ой
   - **C** ем

3. Говорим о важн__ правилах.
   - **A** ой
   - **B** ых
   - **C** ом

4. Новости в утренн__ газете.
   - **A** ей
   - **B** ем
   - **C** ой

5. Они на Красн__ площади.
   - **A** ей
   - **B** ом
   - **C** ой

Module 7
ОСНОВЫ

Focus Le locatif

Retrouvez la forme du locatif singulier.

Corrigé page 69

1. В белых домах.
   - **A** В белой доме.
   - **B** В белом доме.

2. На удобных диванах.
   - **A** На удобном диване.
   - **B** На удобнам диване.

3. В нежных руках.
   - **A** В нежной руке.
   - **B** В нежной руку.

4. В холодных окнах.
   - **A** В холодной окне.
   - **B** В холодном окне.

5. О розовых розах.
   - **A** О розовой розе.
   - **B** О розовом розе.

6. На новых машинах.
   - **A** На новом машине.
   - **B** На новой машине.

7. На высоких каблуках.
   - **A** На высокой каблуке.
   - **B** На высоком каблуке.

8. В синих кружках.
   - **A** В синей кружке.
   - **B** В синой кружке.

Focus Le locatif

Transformez au locatif pluriel.

1. В тёплом пальто.
   - **A** В тёплых пальто.
   - **B** В тёплых пальтах.

2. На далёкой станции.
   - **A** На далёкых станциях.
   - **B** На далёких станциях.

3. В большом ухе.
   - **A** В большых ухах.
   - **B** В больших ушах.

Module 7
ОСНОВЫ

4. На русском радио.

   A На русских радио.   **B** На русскых радиах.

5. На длинной ноге.

   A На длинних ногах.   **B** На длинных ногах.

6. В хорошей компании.

   A В хороших компаниях.   **B** В хорошых компанях.

7. На лишнем уроке.

   A На лишных уроках.   **B** На лишних уроках.

Focus La conjugaison

Choisissez la forme verbale correcte.

Corrigé page 69

1. Вы всё _____.

   A можем   **B** можете   **C** могут

2. Я _____ спеть.

   A могу   **B** можем   **C** можу

3. Ты _____ мне помочь?

   A могешь   **B** могёшь   **C** можешь

4. Они _____ пойти с вами.

   A можут   **B** могут   **C** можете

5. Она _____ уйти.

   A может   **B** могет   **C** можит

6. Мы _____!

   A могем   **B** можим   **C** можем

7. Он _____ быть здесь.

   A могёт   **B** можит   **C** может

8. Я _____ в понедельник.

   A можу   **B** могу   **C** могжу

Module 7
ОСНОВЫ

9. Всё _____ быть.

   A может   **B** могет   **C** можит

Astuce La base du verbe **мочь**, *pouvoir*, est en **моч-** à la 1ʳᵉ personne du singulier et la 3ᵉ personne du pluriel. Pour le reste de la conjugaison la base est **мож-**. C'est un verbe de la 1ʳᵉ conjugaison.

Focus La conjugaison

Choisissez le pronom qui convient.

Corrigé page 69

1. ___ могу
   - **A** я
   - **B** они
   - **C** вы
   - **D** он

2. ___ можете
   - **A** она
   - **B** оно
   - **C** ты
   - **D** вы

3. ___ можем
   - **A** мы
   - **B** вы
   - **C** ты
   - **D** он

4. ___ может
   - **A** вы
   - **B** она
   - **C** они
   - **D** мы

5. ___ можешь
   - **A** она
   - **B** они
   - **C** ты
   - **D** вы

6. ___ могут
   - **A** оно
   - **B** вы
   - **C** мы
   - **D** они

Module 7
СЛОВАРЬ

Focus Le lexique

Complétez la phrase.

Corrigé page 69

1. Он хорошо говорит _____.
   - **A** русский язык
   - **B** по-русски

2. Маша учит _____.
   - **A** испанский
   - **B** испанец

3. Владимир читает _____ газеты.
   - **A** английские
   - **B** английский

4. Михаэль – _____.
   - **A** немецкий
   - **B** немец

5. Артур не говорит на _____.
   - **A** китайском
   - **B** по-китайски

6. Слава и Коля читают _____.
   - **A** по-арабски
   - **B** арабском

7. Анна знает _____.
   - **A** по-французски
   - **B** французский язык

8. Вы _____?
   - **A** итальянцы
   - **B** по-итальянски

Verbes

спеть	*chanter*
помочь	*aider*
пойти	*aller*
уйти	*partir*

мочь *pouvoir*

я могу	*je peux*	мы можем	*nous pouvons*
ты можешь	*tu peux*	вы можете	*vous pouvez*
он/она/оно может	*il/elle/il peut*	они могут	*ils/elles peuvent*

Module 7
СЛОВАРЬ

Noms

звук (m)	*son*
крыша (f)	*toit*
юбка (f)	*jupe*
новость (f)	*nouvelle*
газета (f)	*journal*
каблук (m)	*talon*
компания (f)	*société, compagnie*
понедельник (m)	*lundi*

Adjectifs

маленький	*petit*
белый	*blanc*
оранжевый	*orange*
грустный	*triste*
вкусный	*bon, délicieux*
прежний	*précédent, passé*
смелый	*audacieux*
утренний	*matinal*
удобный	*commode*
холодный	*froid*
высокий	*haut*
тёплый	*tiède*
далёкий	*lointain*
хороший	*bon*

Module 7
ОТВЕТЫ

Основы

PAGE 61 - Les adjectifs
1 **A** 2 **C** 3 **B** 4 **B** 5 **C** 6 **B**

VOTRE SCORE :

PAGES 61-62 - Le locatif des adjectifs singuliers au masculin et neutre
1 **B** 2 **A** 3 **B** 4 **B** 5 **A** 6 **A** 7 **B**

PAGE 62 - Le locatif des adjectifs singuliers au féminin
1 **A** 2 **B** 3 **A** 4 **B**

PAGES 62-63 - Le locatif pluriel des adjectifs
1 **B** 2 **B** 3 **A** 4 **B** 5 **A** 6 **A**

PAGE 63 - Le locatif des adjectifs
1 **C** 2 **A** 3 **B** 4 **A** 5 **C**

PAGE 64-65 - Le locatif
1 **B** 2 **A** 3 **A** 4 **B** 5 **A** 6 **B** 7 **B** 8 **A**
1 **A** 2 **B** 3 **B** 4 **A** 5 **B** 6 **A** 7 **B**

PAGES 65-66 - La conjugaison
1 **B** 2 **A** 3 **C** 4 **B** 5 **A** 6 **C** 7 **C** 8 **B** 9 **A**
1 **A** 2 **D** 3 **A** 4 **B** 5 **C** 6 **D**

PAGE 67 - Le lexique
1 **B** 2 **A** 3 **A** 4 **B** 5 **A** 6 **A** 7 **B** 8 **A**

Vous avez obtenu entre 0 et 13 ? Reprenez chaque question en regardant les endroits où vous avez fait des erreurs.

Vous avez obtenu entre 14 et 27 ? C'est très moyen, mais ne vous découragez pas.

Vous avez obtenu entre 28 et 41 ? Analysez vos erreurs et révisez les notions, vous êtes sur la bonne voie !

Vous avez obtenu entre 42 et 55 ? Félicitations !

Vous avez obtenu 56 et plus ? Восхитительно! Браво!

Module 8
ОСНОВЫ

Focus Les faux amis

Choisissez la traduction correcte.

Corrigé page 79

1. магазин
   - **A** journal
   - **B** magasin

2. пароль
   - **A** mot
   - **B** mot de passe

3. фамилия
   - **A** nom de famille
   - **B** famille

4. лужа
   - **A** luge
   - **B** flaque

5. лампа
   - **A** lampe
   - **B** loupe

6. журнал
   - **A** magazine
   - **B** journal

7. бокал
   - **A** bocal
   - **B** verre

8. талон
   - **A** ticket
   - **B** talon

Astuce Certains mots ressemblent à nos mots français sans pour autant avoir le même sens. Attention à la traduction !

Focus Les démonstratifs

Choisissez le démonstratif qui convient.

1. Видишь _____ дом вдалеке?
   - **A** тот
   - **B** эта

Module 8
ОСНОВЫ

2. – Какую книгу ты читаешь? – _____.

   A Эту   **B** Тот

3. – _____ девочка – Таня. – А та?

   A То   **B** Эта

4. Откуда здесь _____ ключ?

   A этот   **B** та

Astuce Les démonstratifs **этот**, *celui-ci*, et **тот**, *celui-là*, sont assez proches. Les deux s'accordent avec le nom en genre et en nombre ; ils se déclinent et leur déclinaison est très similaire. **Этот** permet de situer les objets ou personnes qui se trouvent à proximité de l'interlocuteur, tandis que **тот** indique leur situation plus lointaine.

Focus Les démonstratifs

Accordez le démonstratif avec le nom.

Corrigé page 79

1. _____ кровать

   A этот   **B** эта   **C** это

2. _____ музеи

   A эта   **B** этот   **C** эти

3. _____ жираф

   A это   **B** эта   **C** этот

4. _____ брюки

   A эти   **B** этот   **C** это

5. _____ месяц

   A эта   **B** эти   **C** этот

6. _____ фильм

   A этот   **B** эта   **C** это

7. _____ море

   A эти   **B** это   **C** этот

Module 8
ОСНОВЫ

8. _____ жизнь
   - **A** это
   - **B** этот
   - **C** эта

9. _____ путь
   - **A** эта
   - **B** этот
   - **C** эти

10. _____ интервью
    - **A** это
    - **B** эти
    - **C** этот

Focus Les démonstratifs

Choisissez la forme correcte.

Corrigé page 79

1. ___ платье
   - **A** тот
   - **B** то
   - **C** та
   - **D** те

2. ___ учителя
   - **A** те
   - **B** тот
   - **C** то
   - **D** та

3. ___ зеркало
   - **A** та
   - **B** те
   - **C** тот
   - **D** то

4. ___ работа
   - **A** тот
   - **B** то
   - **C** та
   - **D** те

5. ___ парень
   - **A** та
   - **B** те
   - **C** то
   - **D** тот

Module 8
ОСНОВЫ

6. ___ радио
   - **A** тот
   - **B** то
   - **C** та
   - **D** те

7. ___ минуты
   - **A** те
   - **B** та
   - **C** то
   - **D** тот

8. ___ ночь
   - **A** та
   - **B** то
   - **C** тот
   - **D** те

9. ___ осень
   - **A** те
   - **B** тот
   - **C** та
   - **D** то

10. ___ мысли
    - **A** тот
    - **B** та
    - **C** то
    - **D** те

Focus Le lexique

Complétez la phrase avec le mot qui convient.

Corrigé page 79

1. _____ дела?
   - **A** Как
   - **B** Какой

2. У них очень _____ работа.
   - **A** хорошо
   - **B** хорошая

3. _____! Договорились!
   - **A** Отлично
   - **B** Отличный

4. _____? Я не хочу есть.
   - **A** Честная
   - **B** Честно

Module 8
ОСНОВЫ

5. _____ звать.

   A Громко
   B Громкие

6. Это моё _____ пальто.

   A старое
   B старо

7. Игорь – _____ человек.

   A честно
   B честный

8. _____ идея!

   A Отличная
   B Отлично

Focus Les verbes

Choisissez parmi les verbes qui existent ceux qui ont la même racine au perfectif (plusieurs variantes sont possibles).

Corrigé page 79

1. делать

   A сделать
   B отделать
   C жделать
   D зделать

2. мочь

   A умочь
   B помочь
   C смочь
   D вымочь

3. говорить

   A заговорить
   B зговорить
   C поговорить
   D отговорить

4. платить

   A заплатить
   B пуплатить
   C зыплатить
   D отплатить

5. есть

   A зъесть
   B сесть
   C нет
   D съесть

Module 8
ОСНОВЫ

6. звать

   A вызвать

   B позвать

   C сзвать

   D козвать

Astuce Les préverbes permettent la formation de nouveaux verbes en modifiant le sens de l'infinitif imperfectif.

Focus La conjugaison

Choisissez la forme correcte du futur du verbe entre parenthèses.

Corrigé page 79

1. Она (сделать) _____. *Elle fera.*

   A сделает   **B** сделаем   **C** сделаит

2. Мы (поехать) _____ вместе с вами. *Nous irons avec vous.*

   A поидем   **B** поедим   **C** поедем

3. Ты (спеть) _____ для нас? *Chanteras-tu pour nous ?*

   A споёшь   **B** споишь   **C** споешь

4. Они (помочь) _____ вам. *Ils vous aideront.*

   A поможут   **B** помогут   **C** помугят

5. Он (поговорить) _____ с ней. *Il lui parlera.*

   A поговорет   **B** поговорит   **C** говорит

6. Вы (смочь) _____ пойти с нами? *Pourrez-vous venir avec nous ?*

   A смогете   **B** смогёте   **C** сможете

7. Я (поесть) _____ потом. *Je mangerai après.*

   A поем   **B** поим   **C** поём

8. Это (быть) _____ отлично. *Cela sera parfait.*

   A будит   **B** будёт   **C** будет

Module 8
ОСНОВЫ

Astuce Le russe n'a que trois temps : le présent pour les imperfectifs, le futur simple pour les perfectifs (qui n'ont pas de présent) / le futur « composé » pour les imperfectifs, et le passé. Le présent et le futur simple ont la même conjugaison. Les deux conjugaisons ont par ailleurs des terminaisons identiques, seule la voyelle de base change.

Focus La conjugaison

Choisissez la forme correcte du futur.

Corrigé page 79

1. Я _____.
   - **A** будешь
   - **B** буду
   - **C** будет

2. Вы _____.
   - **A** будет
   - **B** будем
   - **C** будете

3. Они _____.
   - **A** будешь
   - **B** будут
   - **C** будет

4. Ты _____.
   - **A** буду
   - **B** будешь
   - **C** будем

5. Мы _____.
   - **A** будем
   - **B** будет
   - **C** будут

6. Она _____.
   - **A** будет
   - **B** будете
   - **C** будешь

Astuce Omis au présent, le verbe **быть**, *être*, a le futur de la 1re conjugaison avec la base en **буд-**.

Focus Le verbe être

Insérez le verbe si nécessaire.

1. Это _____ Татьяна. *C'est Tatiana.*
   - **A** будем
   - **B** ---
   - **C** будет

Module 8
ОСНОВЫ

2. Во вторник они _____ здесь. *Mardi, ils seront ici.*

   A будут   **B** будем   **C** будешь

3. Чей это _____ стул? *À qui est cette chaise ?*

   A есть   **B** ---   **C** будет

4. Может _____. *Peut-être.*

   A быть   **B** будет   **C** будешь

5. Мы _____ очень рады. *Nous serons ravis.*

   A ---   **B** будешь   **C** будем

6. У вас _____ деньги? *Avez-vous de l'argent ?*

   A будут   **B** есть   **C** ---

7. Вы _____ хотите есть? *Avez-vous faim ?*

   A ---   **B** будете   **C** буду

8. У них _____ собака. *Ils ont un chien.*

   A будет   **B** ---   **C** есть

9. Антон должен _____ здесь. *Anton doit être ici.*

   A будет   **B** быть   **C** ---

10. Кто _____ там с тобой? *Qui sera là-bas avec toi ?*

    A будет   **B** есть   **C** ---

Corrigé page 79

Module 8
СЛОВАРЬ

Verbes

видеть	voir
читать	lire
договориться	se mettre d'accord, s'entendre
поехать	aller
смочь	pouvoir

быть *être*

я буду	je serai	мы будем	nous serons
ты будешь	tu seras	вы будете	vous serez
он/она/оно будет	il/elle/il sera	они будут	ils/elles seront

Noms

магазин (m)	magasin
пароль (m)	mot de passe
лужа (f)	flaque
журнал (m)	magazine
бокал (m)	flute, coupe, verre
талон (m)	ticket
девочка (f)	fille
месяц (m)	mois
мысль (f)	pensée

Adjectifs et adverbes

вдалеке	au loin
честный	honnête
старый	vieux
потом	après
отлично	parfaitement

Module 8
ОТВЕТЫ

Основы

VOTRE SCORE :

PAGE 70 - Les faux amis
1 **B** 2 **B** 3 **A** 4 **B** 5 **A** 6 **A** 7 **B** 8 **A**

PAGES 70-73 - Les démonstratifs
1 **A** 2 **A** 3 **B** 4 **A**
1 **B** 2 **C** 3 **C** 4 **A** 5 **C** 6 **A** 7 **B** 8 **C** 9 **B** 10 **A**
1 **B** 2 **A** 3 **D** 4 **C** 5 **D** 6 **B** 7 **A** 8 **A** 9 **C** 10 **D**

PAGES 73-74 - Le lexique
1 **A** 2 **B** 3 **A** 4 **B** 5 **A** 6 **A** 7 **B** 8 **A**

PAGES 74-75 - Les verbes
1 **A** / **B** 2 **B** / **C** 3 **A** / **C** / **D** 4 **A** / **D** 5 **D** 6 **A** / **B**

PAGES 75-76 - La conjugaison
1 **A** 2 **C** 3 **A** 4 **B** 5 **B** 6 **C** 7 **A** 8 **C**
1 **B** 2 **C** 3 **B** 4 **B** 5 **A** 6 **A**

PAGES 76-77 - Le verbe être
1 **B** 2 **A** 3 **B** 4 **A** 5 **C** 6 **B** 7 **A** 8 **B** / **C** 9 **B** 10 **A**

Vous avez obtenu entre 0 et 11 ? Reprenez chaque question en regardant les endroits où vous avez fait des erreurs.

Vous avez obtenu entre 12 et 27 ? C'est très moyen, mais ne vous découragez pas.

Vous avez obtenu entre 28 et 43 ? Analysez vos erreurs et révisez les notions, vous êtes sur la bonne voie !

Vous avez obtenu entre 44 et 59 ? Félicitations !

Vous avez obtenu 60 et plus ? Восхитительно! Браво!

Module 9
ОСНОВЫ

Focus Les diminutifs

Trouvez le prénom à partir de son diminutif.

Corrigé page 89

1. Коля
   - **A** Николай
   - **B** Никита

2. Света
   - **A** Святослав
   - **B** Светлана

3. Ира
   - **A** Ираклий
   - **B** Ирина

4. Стас
   - **A** Станислав
   - **B** Степан

5. Вова
   - **A** Виктор
   - **B** Владимир

> **Astuce** Dans la langue parlée, les Russes utilisent beaucoup les diminutifs. Parfois, ils ne sont pas une version courte d'un prénom mais ont un marqueur affectif.

Focus Les diminutifs

Choisissez le genre de la personne possédant le prénom.

1. Маша
   - **A** M
   - **B** F

2. Саша
   - **A** M
   - **B** F

3. Лена
   - **A** M
   - **B** F

4. Витя
   - **A** M
   - **B** F

Module 9
ОСНОВЫ

5. Петя

   A M
   B F

Astuce Attention, les diminutifs se terminent assez souvent par une voyelle sans pour autant appartenir au genre féminin ! Certains diminutifs ont la même forme pour un garçon et une fille.

Focus Le nom patronymique

Retrouvez le nom patronymique à partir des prénoms suivants.

Corrigé page 89.

1. Николай – отец Вовы. → Владимир _____.

   A Николаевич
   B Николаевна

2. Мой папа тоже Виктор. → Мы обе _____.

   A Викторовичи
   B Викторовны

3. Иван – папа Оксаны. → Оксана _____.

   A Иванна
   B Ивановна

4. Отец Анны - Павел. → Анна _____.

   A Павловна
   B Павлова

Astuce Le vouvoiement est systématiquement accompagné du patronyme. On appelle par le nom, suivi du nom patronymique, les personnes plus âgées, des adultes dans une situation officielle, en s'adressant à une personne hiérarchiquement plus élevée ou pour témoigner tout simplement du respect envers quelqu'un.

Focus Le datif des noms masculins et neutres

Mettez au datif les noms suivants.

1. актёр

   A актёре
   B актёру

2. врач

   A врачу
   B врачю

Module 9
ОСНОВЫ

3. ухо
   - **A** уху
   - **B** ухи

4. клей
   - **A** клею
   - **B** клею

5. сын
   - **A** сыне
   - **B** сыну

6. зверь
   - **A** зверю
   - **B** зверу

7. отец
   - **A** отецу
   - **B** отцу

8. море
   - **A** мору
   - **B** морю

Astuce Le cas de l'attribution : le datif singulier des noms masculins et neutres durs est formé à l'aide de la terminaison **у**, tandis que pour les mous, il est formé à l'aide la terminaison **ю**.

Focus Le datif des noms féminins

Mettez au datif les féminins suivants.

Corrigé page 89

1. сестра
   - **A** сестре
   - **B** сестру

2. талия
   - **A** талии
   - **B** талие

3. крыша
   - **A** крыши
   - **B** крыше

4. земля
   - **A** земли
   - **B** земле

Module 9
ОСНОВЫ

5. часть
   - **A** части
   - **B** часте

6. нога
   - **A** ноги
   - **B** ноге

7. кровь
   - **A** крови
   - **B** крове

8. станция
   - **A** станцие
   - **B** станции

Astuce Le datif s'utilise également après certaines prépositions. Le singulier des noms féminins durs et mous est formé à l'aide de la terminaison **e**. En revanche, ceux avec la terminaison en signe mou **ь** prennent un **и** à la fin et les féminins en **ия** se terminent au datif par **ии**.

Focus Le datif pluriel de tous les genres

Mettez les mots suivants au datif pluriel.

Corrigé page 89

1. рубли
   - **A** рублю
   - **B** рублям

2. розы
   - **A** розям
   - **B** розам

3. опции
   - **A** опциям
   - **B** опциам

4. пироги
   - **A** пирогам
   - **B** пирогям

5. дяди
   - **A** дядам
   - **B** дядям

6. диваны
   - **A** диванам
   - **B** диваням

Module 9
ОСНОВЫ

7. окна
   - **A** окням
   - **B** окнам

8. музеи
   - **A** музеям
   - **B** музеам

Astuce Le datif pluriel des noms durs de tous les genres a la terminaison **ам** et des mous **ям**.

Focus Le datif pluriel de tous les genres

Retrouvez la forme du datif singulier à partir du pluriel.

Corrigé page 89

1. стрелкам
   - **A** стрелке
   - **B** стрелки

2. грушам
   - **A** груша
   - **B** груше

3. учителям
   - **A** учителе
   - **B** учителю

4. зеркалам
   - **A** зеркалу
   - **B** зеркалю

Focus Le datif des adjectifs masculins et neutres

Transformez les adjectifs au datif singulier.

1. синий
   - **A** синему
   - **B** синому

2. весёлый
   - **A** весёлому
   - **B** весёлему

3. смешное
   - **A** смешным
   - **B** смешному

Module 9
ОСНОВЫ

4. русский
   - **A** русскому
   - **B** русскему

5. красивое
   - **A** красивему
   - **B** красивому

6. сладкий
   - **A** сладкему
   - **B** сладкому

Astuce Le datif singulier des adjectifs masculins et neutres durs prend la terminaison **ому**, celui des mous, la terminaison **ему**.

Focus Le datif des adjectifs féminins

Mettez les adjectifs suivants au datif singulier.

Corrigé page 89

1. белая
   - **A** белай
   - **B** белой

2. частая
   - **A** частой
   - **B** частей

3. нежная
   - **A** нежней
   - **B** нежной

4. большая
   - **A** большой
   - **B** большёй

5. тёплая
   - **A** тёплой
   - **B** тёплай

6. утренняя
   - **A** утренной
   - **B** утренней

Astuce Le datif singulier des adjectifs féminins durs prend la terminaison **ой**, celui des mous, la terminaison **ей**.

Module 9
ОСНОВЫ

Focus Le datif des adjectifs au pluriel

Retrouvez la forme correcte du datif pluriel à partir du datif singulier.

Corrigé page 89

1. тёмному
   - **A** тёмным
   - **B** тёмним

2. тихой
   - **A** тихым
   - **B** тихим

3. грустному
   - **A** грустним
   - **B** грустным

4. маленькой
   - **A** маленькым
   - **B** маленьким

5. пустой
   - **A** пустым
   - **B** пустим

6. хорошей
   - **A** хорошым
   - **B** хорошим

7. осеннему
   - **A** осенним
   - **B** осенным

Astuce Le datif pluriel des adjectifs durs de tous les genres a la terminaison **ым** et les mous **им**.

Focus Le datif

Choisissez la forme correcte au datif de la phrase au nominatif.

1. сегодняшний вечер
   - **A** сегодняшниму вечеру
   - **B** сегодняшней вечеру
   - **C** сегодняшнему вечере
   - **D** сегодняшнему вечеру

Module 9
ОСНОВЫ

2. полная кружка
   - **A** полной кружке
   - **B** полной кружки
   - **C** полней кружке
   - **D** полнай кружке

   Corrigé page 89

3. железная логика
   - **A** железному логике
   - **B** железной логики
   - **C** железной логике
   - **D** железней логике

4. дальние родственники
   - **A** дальним родственникам
   - **B** дальнем родственнике
   - **C** дальнему родственнику
   - **D** дальным родственникам

5. свежая утка
   - **A** свежой утке
   - **B** свежей утке
   - **C** свежий утке
   - **D** свежему утке

6. личный тренер
   - **A** личным тренерам
   - **B** личнему тренеру
   - **C** личныму тренеру
   - **D** личному тренеру

7. круглая земля
   - **A** круглей земле
   - **B** круглому земле
   - **C** круглой земле
   - **D** круглай земле

8. последние автобусы
   - **A** последнему автобусу
   - **B** последним автобусам
   - **C** последным автобусам
   - **D** последниму автобусе

9. всемирное потепление
   - **A** всемирному потеплению
   - **B** всемирной потеплении
   - **C** всемирной потеплению
   - **D** всемирному потеплении

10. позднее такси
    - **A** поздней такси
    - **B** позднему таксе
    - **C** поздним такси
    - **D** позднему такси

Module 9
СЛОВАРЬ

Noms

сын (m)	*fils*
кровь (f)	*sang*
вечер (m)	*soir*
родственник (m)	*parent (de la famille)*
утка (f)	*canard*
тренер (m, f)	*entraineur*
автобус (m)	*autobus*
потепление (n)	*réchauffement*
всемирное потепление (n)	*réchauffement climatique (mondial)*
железная логика (f)	*logique implacable*

Adjectifs

пустой	*vide*
осенний	*d'automne*
сегодняшний	*d'aujourd'hui*
полный	*plein*
железный	*de fer*
дальний	*lointain*
свежий	*frais*
личный	*personnel*
круглый	*rond*
последний	*dernier*
всемирный	*mondial*
поздний	*tardif*

Module 9
ОТВЕТЫ

Основы

PAGES 80-81 - Les diminutifs
1 **A** 2 **B** 3 **B** 4 **A** 5 **B**
1 **B** 2 **A**/**B** 3 **B** 4 **A** 5 **A**

PAGE 81 - Le nom patronymique
1 **A** 2 **B** 3 **B** 4 **A**

PAGES 81-82 - Le datif des noms masculins et neutres
1 **B** 2 **A** 3 **A** 4 **B** 5 **B** 6 **A** 7 **B** 8 **B**

PAGES 82-83 - Le datif des noms féminins
1 **A** 2 **A** 3 **B** 4 **B** 5 **A** 6 **B** 7 **A** 8 **B**

PAGES 83-84 - Le datif pluriel de tous les genres
1 **B** 2 **B** 3 **A** 4 **A** 5 **B** 6 **A** 7 **B** 8 **A**

PAGE 84 - Le datif pluriel de tous les genres
1 **A** 2 **B** 3 **B** 4 **A**

PAGE 84-85 - Le datif des adjectifs masculins et neutres
1 **A** 2 **A** 3 **B** 4 **A** 5 **B** 6 **B**

PAGE 85 - Le datif des adjectifs féminins
1 **B** 2 **A** 3 **B** 4 **A** 5 **A** 6 **B**

PAGE 86 - Le datif des adjectifs au pluriel
1 **A** 2 **B** 3 **B** 4 **B** 5 **A** 6 **B** 7 **A**

PAGES 86-87 - Le datif
1 **D** 2 **A** 3 **C** 4 **A** 5 **B** 6 **D** 7 **C** 8 **B** 9 **A** 10 **D**

Vous avez obtenu entre 0 et 12 ? Reprenez chaque question en regardant les endroits où vous avez fait des erreurs.

Vous avez obtenu entre 13 et 28 ? C'est très moyen, mais ne vous découragez pas.

Vous avez obtenu entre 29 et 44 ? Analysez vos erreurs et révisez les notions, vous êtes sur la bonne voie !

Vous avez obtenu entre 45 et 60 ? Félicitations !

Vous avez obtenu 61 et plus ? Восхитительно! Браво!

Module 10
ОСНОВЫ

Focus Le génitif singulier des noms

Mettez le mot au génitif singulier.

Corrigé page 98

1. бельё
   - **A** белья
   - **B** бельа

2. объявление
   - **A** объявленя
   - **B** объявления

3. сад
   - **A** сада
   - **B** саду

4. плащ
   - **A** плаща
   - **B** плащя

5. полотенце
   - **A** полотенця
   - **B** полотенца

6. словарь
   - **A** словара
   - **B** словаря

7. озеро
   - **A** озера
   - **B** озеря

8. рубль
   - **A** рубла
   - **B** рубля

Astuce Le génitif est le cas du complément du nom. Il désigne le possesseur de l'objet, sa provenance ou « remplace » l'article partitif français. Le génitif des noms masculins et neutres durs se termine en **a**, mous en **я**.

Focus Le génitif singulier des noms

Mettez le mot au génitif singulier.

1. боль
   - **A** боли
   - **B** боля

Module 10
ОСНОВЫ

2. нога
   - **A** ноги
   - **B** ногы

3. аллея
   - **A** аллея
   - **B** аллеи

4. рыба
   - **A** рыбы
   - **B** рыби

5. семья
   - **A** семи
   - **B** семьи

6. юбка
   - **A** юбкы
   - **B** юбки

Astuce Le génitif des noms féminins durs se termine en **ы**, mous en **и**. Attention à l'incompatibilité orthographique !

Focus Le génitif singulier des noms

Mettez au génitif le mot entre parenthèses.

Corrigé page 98

1. Здесь нет (вода) _____. *Ici, il n'y a pas d'eau.*
   - **A** воду
   - **B** воды
   - **C** воде

2. Вот бутылка (сок) _____. *Voici une bouteille de jus.*
   - **A** сока
   - **B** соке
   - **C** сок

3. Кусок (мыло) _____. *Un pain de savon.*
   - **A** мыли
   - **B** мылы
   - **C** мыла

4. Два (день) _____. *Deux jours.*
   - **A** дня
   - **B** деня
   - **C** дна

Astuce Le génitif est utilisé également après les mots désignant une quantité ou quand il s'agit de l'absence totale de quelque chose.

Module 10
ОСНОВЫ

Focus Le génitif pluriel des masculins

Mettez le nom au génitif pluriel.

Corrigé page 98

1. врач
   - **A** врачов
   - **B** врачев
   - **C** врачей

2. дождь
   - **A** дождей
   - **B** дождев
   - **C** дождёв

3. зуб
   - **A** зубьев
   - **B** зубей
   - **C** зубов

4. карандаш
   - **A** карандашов
   - **B** карандашей
   - **C** карандашев

5. город
   - **A** городей
   - **B** городов
   - **C** городев

6. нож
   - **A** ножей
   - **B** ножев
   - **C** ножов

Astuce Les masculins durs forment leur génitif en **ов**. Pour les mous, c'est plus complexe. Ceux en **ы** ont la terminaison **ев** ; ceux en **ь** ou qui se terminent par une chuintante, ont la terminaison **ей** (qui est toujours accentuée).

Focus Le génitif pluriel des noms neutres

Mettez les neutres suivants au génitif pluriel.

1. море
   - **A** морей
   - **B** морев

2. письмо
   - **A** письм
   - **B** писем

3. окно
   - **A** окн
   - **B** окон

Module 10
ОСНОВЫ

4. лекарство

   A лекарств   **B** лекарстов

5. объявление

   A объявленей   **B** объявлений

6. слово

   A слов   **B** словей

Astuce Les neutres durs ont la terminaison « zéro » et souvent une voyelle mobile est observée : elle apparaît pour faciliter la prononciation. Les mous en **e/ё** ont la terminaison **ей** et ceux en **ие** ont la terminaison **ий**.

Focus Le génitif pluriel des noms féminins

Transformez le nominatif singulier en génitif pluriel.

Corrigé page 98

1. шляпа

   A шляпов   **B** шляп   **C** шляпей

2. станция

   A станцей   **B** станциев   **C** станций

3. книга

   A книг   **B** книгов   **C** книгей

4. неделя

   A неделев   **B** неделей   **C** недель

5. вещь

   A вещёв   **B** вещей   **C** вещий

6. идея

   A идей   **B** идеев   **C** идий

Module 10
ОСНОВЫ

> **Astuce** Les féminins durs forment leur génitif avec une terminaison « zéro » comme les neutres. Les mous en **я** prennent au génitif pluriel un signe mou **ь**. Les mous en **ь** et se terminant par **ея** prennent la terminaison **ей**. Enfin, les mous en **ия**, forment leur génitif pluriel en **ий**.

Focus Le génitif singulier des adjectifs masculins et neutres

Transformez le nominatif en génitif singulier.

Corrigé page 98

1. белый дом

   A белого дома   **B** белего дома

2. новое пальто

   A нового пальта   **B** нового пальто

3. холодный дождь

   A холодного дождя   **B** холоднего дожда

4. синее море

   A синого морья   **B** синего моря

5. хороший ресторан

   A хорошого ресторана   **B** хорошего ресторана

6. старый адрес

   A старого адреса   **B** старего адреса

> **Astuce** Les adjectifs durs (neutres et masculins) forment leur génitif singulier en **ого**, mous en **его**. Attention aux chuintantes avec la terminaison non accentuée.

Focus Le génitif singulier des adjectifs féminins

Mettez la phrase au génitif singulier.

1. французская еда

   A французскей еде   **B** французской еды

Module 10
ОСНОВЫ

2. красивая женщина

   A красивей женщины **B** красивой женщины

3. прежняя жизнь

   A прежней жизни **B** прежной жизни

4. хорошая память

   A хорошой памяти **B** хорошей памяти

5. удобная одежда

   A удобной одежды **B** удобней одежды

6. осенняя погода

   A осенней погоды **B** осенной погоды

Astuce Les adjectifs féminins durs se terminent par **ой**, mous par **ей**. Comme pour les autres genres, attention aux chuintantes avec la terminaison non accentuée.

Focus Le génitif pluriel des adjectifs

Transformez la phrase au génitif pluriel.

Corrigé page 98

1. частые дожди

   A частых дождей **B** частих дождёв

2. тихие ночи

   A тихих ночей **B** тихих ночь

3. длинные дни

   A длинних днёв **B** длинных дней

4. весёлые слова

   A весёлых словов **B** весёлых слов

Astuce Le génitif pluriel des adjectifs de tous les genres se termine par **ых**, mous par **их**.

Module 10
ОСНОВЫ

Focus Le génitif des noms et des adjectifs

Choisissez la forme correcte et complétez la phrase.

Corrigé page 98

1. Иду из _____. *Je rentre du nouveau théâtre.*
   - **A** новый театр
   - **B** нового театра
   - **C** нового театру
   - **D** нового театре

2. Слова из _____. *Les paroles d'une ancienne chanson.*
   - **A** старой песни
   - **B** старой песне
   - **C** старей песни
   - **D** старом песни

3. Привет от _____. *Bonjour d'une bonne amie.*
   - **A** хорошой подруги
   - **B** хорошей подруге
   - **C** хорошего подруги
   - **D** хорошей подруги

4. Пять _____. *Cinq crayons rouges.*
   - **A** красный карандашей
   - **B** красных карандашей
   - **C** красных карандашов
   - **D** красных карандашев

5. Устал от _____. *Fatigué de ces fortes pluies.*
   - **A** сильних дождей
   - **B** сильних дождев
   - **C** сильных дождей
   - **D** сильних дождев

6. Стоять у _____. *Être debout à côté d'un arbre haut.*
   - **A** высокого дерева
   - **B** высокого дерево
   - **C** высоких деревов
   - **D** высокого деревья

7. Ехать от _____. *Rentrer de chez un parent lointain.*
   - **A** дальней родственника
   - **B** дального родственника
   - **C** дальнего родственники
   - **D** дальнего родственника

8. Нет _____. *Il n'y a pas de nouvelles matinales.*
   - **A** утренней новостей
   - **B** утренних новостей
   - **C** утренных новостей
   - **D** утренних новостев

Module 10
СЛОВАРЬ

Noms

бутылка (f)	*bouteille*
сок (m)	*jus*
кусок (m)	*morceau*
дождь (m)	*pluie*
зуб (m)	*dent*
город (m)	*ville*
нож (m)	*couteau*
лекарство (n)	*médicament*
слово (n)	*parole*
шляпа (f)	*chapeau*
неделя (f)	*semaine*
ресторан (m)	*restaurant*
адрес (m)	*adresse*
еда (f)	*nourriture*
память (f)	*mémoire*
одежда (f)	*vêtements*
погода (f)	*temps (météo)*
песня (f)	*chanson*
дерево (n)	*arbre*
родственник (m)	*parent*

Module 10
ОТВЕТЫ

Основы

PAGE 90 - Le génitif singulier des noms
1 **A** 2 **B** 3 **A** 4 **A** 5 **B** 6 **B** 7 **A** 8 **B**

PAGES 90-91 - Le génitif singulier des noms
1 **A** 2 **A** 3 **B** 4 **A** 5 **B** 6 **B**

PAGE 91 - Le génitif singulier des noms
1 **B** 2 **A** 3 **C** 4 **A**

PAGE 92 - Le génitif pluriel des masculins
1 **C** 2 **A** 3 **C** 4 **B** 5 **B** 6 **A**

PAGES 92-93 - Le génitif pluriel des noms neutres
1 **A** 2 **B** 3 **B** 4 **A** 5 **B** 6 **A**

PAGE 93 - Le génitif pluriel des noms féminins
1 **B** 2 **C** 3 **A** 4 **C** 5 **B** 6 **A**

PAGE 94 - Le génitif singulier des adjectifs masculins et neutres
1 **A** 2 **B** 3 **A** 4 **B** 5 **B** 6 **A**

PAGES 94-95 - Le génitif singulier des adjectifs féminins
1 **B** 2 **B** 3 **A** 4 **B** 5 **A** 6 **A**

PAGE 95 - Le génitif pluriel des adjectifs
1 **A** 2 **A** 3 **B** 4 **B**

PAGE 96 - Le génitif des noms et des adjectifs
1 **B** 2 **A** 3 **D** 4 **B** 5 **C** 6 **A** 7 **D** 8 **B**

Vous avez obtenu entre 0 et 12 ? Reprenez chaque question en regardant les endroits où vous avez fait des erreurs.

Vous avez obtenu entre 13 et 25 ? C'est très moyen, mais ne vous découragez pas.

Vous avez obtenu entre 26 et 38 ? Analysez vos erreurs et révisez les notions, vous êtes sur la bonne voie !

Vous avez obtenu entre 39 et 49 ? Félicitations !

Vous avez obtenu 50 et plus ? Восхитительно! Браво!

Module 11
ОСНОВЫ

Focus Les verbes perfectifs et imperfectifs

Retrouvez la forme perfective.

Corrigé page 107

1. *parler*
   - **A** говорить
   - **B** сказать

2. *faire*
   - **A** сделать
   - **B** делать

3. *prendre*
   - **A** взять
   - **B** брать

4. *manger*
   - **A** есть
   - **B** съесть

5. *commencer*
   - **A** начинать
   - **B** начать

6. *aller*
   - **A** пойти
   - **B** ходить

7. *connaître*
   - **A** знать
   - **B** узнать

8. *ouvrir*
   - **A** открыть
   - **B** открывать

9. *donner*
   - **A** давать
   - **B** дать

Astuce Souvent le perfectif est construit à partir de la forme imperfective à l'aide d'un préfixe ou d'un suffixe. Parfois le verbe perfectif diffère partiellement ou complètement de la forme imperfective.

Module 11
ОСНОВЫ

Focus Les verbes imperfectifs

Choisissez la terminaison correcte.

Corrigé page 107

1. Олег чита__. *Oleg lit.*
   - **A** ит
   - **B** ет

2. Мы говор__. *Nous parlons.*
   - **A** ем
   - **B** им

3. Они дела__. *Ils font.*
   - **A** ют
   - **B** ят

4. Анатолий хоч__ спать. *Anatoliï a sommeil.*
   - **A** ит
   - **B** ет

5. Рита плач__. *Rita pleure.*
   - **A** ет
   - **B** ит

Astuce N'oubliez pas que les terminaisons de la 1re et de la 2e conjugaisons sont quasiment identiques, une seule voyelle (**и** ou **е**) les distingue.

Focus Les verbes perfectifs

Choisissez la terminaison correcte.

1. Дети пойд__ в кино. *Les enfants iront au cinéma.*
   - **A** ут
   - **B** ат

2. Он вам спо__. *Il vous chantera.*
   - **A** ит
   - **B** ёт

3. Ты реш__ сама. *Tu décideras toi-même.*
   - **A** ишь
   - **B** ышь

4. Она всё пойм__. *Elle comprendra tout.*
   - **A** ёт
   - **B** ет

Module 11
ОСНОВЫ

5. А после она тебе помож___. *Et après, elle t'aidera.*

   A ит
   B ет

Astuce Les verbes perfectifs et imperfectifs servent pour définir l'action. L'imperfectif décrit l'action dans son déroulement, met l'accent sur une action répétée, une habitude, sans s'intéresser au résultat. Le perfectif décrit une action ponctuelle et qui a un résultat précis.

Focus Les verbes imperfectifs et perfectifs

Choisissez la forme correcte.

Corrigé page 107

1. Я _____ тебе завтра. *Je te téléphonerai demain.*

   A звону
   B позвону
   C звоню
   D позвоню

2. Мы _____. *Nous faisons.*

   A сделаим
   B делаем
   C сделаем
   D делаим

3. Они всё _____. *Ils raconteront tout.*

   A расскажут
   B рассказут
   C расскажат
   D расскажют

4. Она _____ о тебе. *Elle parle de toi.*

   A говорет
   B говорят
   C скажет
   D говорит

5. Вы сразу _____ его. *Vous le reconnaîtrez immédiatement.*

   A узнаёте
   B узнаваете
   C узнаете
   D узнаите

6. Ты _____ в кино? *Es-tu au cinéma ?*

   A -
   B будешь
   C есть
   D будишь

101

Module 11
ОСНОВЫ

7. Он _____ туда на машине. *Il ira là-bas en voiture.*
   - **A** будет поехать
   - **B** едет
   - **C** поедет
   - **D** поедит

8. Ты не _____ этого! *Tu ne voudras pas cela !*
   - **A** захотешь
   - **B** захочешь
   - **C** хочешь
   - **D** будешь захотеть

Focus Le futur simple

Conjuguez le verbe entre parenthèses au futur simple.

Corrigé page 107

1. Таня (смочь) сделать это. *Tania pourra faire cela.*
   - **A** смогёт
   - **B** сможет

2. Толя (узнать) правду. *Tolia saura la vérité.*
   - **A** узнает
   - **B** узнаит

3. Коля (прийти) после завтрака. *Kolia viendra après le petit-déjeuner.*
   - **A** прийдёт
   - **B** придёт

4. Будильник (зазвонить) в пять. *Le réveil matin sonnera à cinq heures.*
   - **A** зазвонет
   - **B** зазвонит

5. Ваня (съесть) торт. *Vania mangera le gâteau.*
   - **A** съест
   - **B** съедёт

6. Света (написать) маме. *Sveta écrira à maman.*
   - **A** написет
   - **B** напишет

Module 11
ОСНОВЫ

Focus Le futur composé

Mettez les verbes entre parenthèses au futur.

Corrigé page 107

1. Я (есть).
   - **A** будет есть.
   - **B** буду есть.

2. Вы (играть).
   - **A** будете играть
   - **B** будите играть

3. Они (помогать).
   - **A** будут помогать
   - **B** будет помогать

4. Ты (платить).
   - **A** будете платить
   - **B** будешь платить

5. Она (стоять).
   - **A** будет стоять
   - **B** будем стоять

6. Мы (плакать).
   - **A** будем плакать
   - **B** будешь плакать

Astuce Le futur composé est formé pour les verbes imperfectifs à l'aide du futur simple du verbe **быть**, *être*, accordé en genre et en nombre avec le sujet de l'action, suivi de l'infinitif du verbe imperfectif. Ce futur décrit, selon la nature des verbes imperfectifs, une action prolongée ou répétée.

Focus Le futur simple et composé

Choisissez entre le futur simple et le futur composé.

1. сделать *(perf)*
   - **A** я сделаю
   - **B** я буду сделать

2. рисовать *(imperf)*
   - **A** ты будешь рисовать
   - **B** ты рисоваешь

Module 11
ОСНОВЫ

3. сказать *(perf)*
   - **A** он будет сказать
   - **B** он скажет

4. открывать *(imperf)*
   - **A** вы будете открывать
   - **B** вы откроете

5. говорить *(imperf)*
   - **A** они скажут
   - **B** они будут говорить

6. открыть *(perf)*
   - **A** она откроет
   - **B** она будет открывать

7. писать *(imperf)*
   - **A** я пишу
   - **B** я буду писать

Focus La conjugaison

Choisissez la forme verbale correcte.

Corrigé page 107

1. Он (любить) _____.
   - **A** любет
   - **B** любит
   - **C** люблит

2. Родители (решать) _____.
   - **A** решают
   - **B** решат
   - **C** решаут

3. Я (заплатить) _____.
   - **A** заплатю
   - **B** заплачю
   - **C** заплачу

4. Ты (смочь) _____.
   - **A** смочешь
   - **B** сможешь
   - **C** смогешь

5. Она (сказать) _____.
   - **A** сказет
   - **B** сказит
   - **C** скажет

6. Мы (видеть) _____.
   - **A** видим
   - **B** вижем
   - **C** видем

Module 11
ОСНОВЫ

7. Вы (поехать) _____.

   A поедете   **B** поехете   **C** поедите

8. Я (видеть) _____.

   A видю   **B** вижу   **C** вижю

> **Astuce** Certains verbes changent de consonne dans la base lors de la conjugaison. Le verbe perfectif **сказать** change **з** en **ж** à toutes les formes, l'imperfectif **видеть** change **д** en **ж** uniquement à la 1re personne du singulier, tandis que l'imperfectif **любить** prend un **л** additionnel à la 1re personne du singulier.

Focus La conjugaison

Choisissez le verbe perfectif ou imperfectif.

Corrigé page 107

1. Куда вы _____ завтра? *Où irez-vous demain ?*

   A будете пойти   **B** пойдёте   **C** будете идти

2. Где ты _____ завтра? *Où vas-tu te promener demain ?*

   A будешь погулять   **B** гулять   **C** будешь гулять

3. Лука _____ книгу очень долго. *Luka lira le livre très longtemps.*

   A прочитает   **B** будет прочитать   **C** будет читать

4. Когда он _____? *Quand va-t-il travailler ?*

   A будет работать   **B** работает   **C** будет поработать

5. Они _____ нам! *Ils nous aideront !*

   A будут помочь   **B** помогут   **C** помогают

6. Вера _____ книгу за один день. *Véra lira le livre en un jour.*

   A прочитает   **B** будет читать   **C** будет прочитать

Module 11
СЛОВАРЬ

Noms

правда (f)	vérité
будильник (m)	réveil matin

Verbes

сказать	dire
взять	prendre
брать	prendre
начинать	commencer
начать	commencer
знать	connaître, savoir
узнать	reconnaître, connaître
давать	donner
дать	donner
решить	décider
понять	comprendre
рассказать	raconter
зазвонить	sonner
написать	écrire
играть	jouer
рисовать	dessiner
открывать	ouvrir
открыть	ouvrir
писать	écrire
любить	aimer
решать	décider

Module 11
ОТВЕТЫ

Основы

PAGE 99 - Les verbes perfectifs et imperfectifs
1 **B** 2 **A** 3 **A** 4 **B** 5 **B** 6 **A** 7 **B** 8 **A** 9 **B**

PAGE 100 - Les verbes imperfectifs
1 **B** 2 **B** 3 **A** 4 **B** 5 **A**

PAGES 100-101 - Les verbes perfectifs
1 **A** 2 **B** 3 **A** 4 **A** 5 **B**

PAGES 101-102 - Les verbes imperfectifs et perfectifs
1 **D** 2 **B** 3 **A** 4 **D** 5 **C** 6 **A** 7 **C** 8 **B**

PAGE 102 - Le futur simple
1 **B** 2 **A** 3 **B** 4 **B** 5 **A** 6 **B**

PAGE 103 - Le futur composé
1 **B** 2 **A** 3 **A** 4 **B** 5 **A** 6 **A**

PAGES 103-104 - Le futur simple et composé
1 **A** 2 **A** 3 **B** 4 **A** 5 **B** 6 **A** 7 **B**

PAGES 104-105 - La conjugaison
1 **B** 2 **A** 3 **C** 4 **B** 5 **C** 6 **A** 7 **A** 8 **B**
1 **B** 2 **C** 3 **C** 4 **A** 5 **B** 6 **A**

VOTRE SCORE :

Vous avez obtenu entre 0 et 12 ? Reprenez chaque question en regardant les endroits où vous avez fait des erreurs.

Vous avez obtenu entre 13 et 25 ? C'est très moyen, mais ne vous découragez pas.

Vous avez obtenu entre 26 et 38 ? Analysez vos erreurs et révisez les notions, vous êtes sur la bonne voie !

Vous avez obtenu entre 39 et 49 ? Félicitations !

Vous avez obtenu 50 et plus ? Восхитительно! Браво!

Module 12
ОСНОВЫ

Focus Les nombres

Retrouvez le nombre correspondant.

Corrigé page 116

1. 21: _____ корова
   - **A** двадцать один
   - **B** двадцать одна

2. 36: _____ деревьев
   - **A** тридцать шесть
   - **B** тридцать шести

3. 58: _____ евро
   - **A** питьдесят восемь
   - **B** пятьдесят восемь

4. 42: _____ книги
   - **A** сорок две
   - **B** сорок два

5. 84: _____ человека
   - **A** восемдесят четыре
   - **B** восемьдесят четыре

6. 100: _____ процентов
   - **A** ста
   - **B** сто

7. 99: _____ участников
   - **A** девяносто девять
   - **B** девиноста девять

8. 63: _____ килограмма
   - **A** шестьдисят три
   - **B** шестьдесят три

9. 101: _____ правило
   - **A** сто одно
   - **B** сто один

Focus L'accusatif des noms masculins et neutres

Mettez les noms à l'accusatif singulier.

1. Маша видит_____. *Macha voit le bus.*
   - **A** автобус
   - **B** автобуса

Module 12
ОСНОВЫ

2. Мы взяли _____. *Nous avons pris un chat.*

   A кота   **B** кот

3. Мои друзья смотрят _____. *Mes amis regardent un film.*

   A фильма   **B** фильм

4. Открой, пожалуйста, _____. *Ouvre la fenêtre, s'il te plaît.*

   A окно   **B** окна

5. Она встретила его _____. *Elle a rencontré son frère.*

   A брата   **B** брат

6. Я так люблю _____! *J'aime tellement la mer !*

   A моря   **B** море

7. Твои соседи купили _____. *Tes voisins ont acheté une table.*

   A стол   **B** стола

8. Вы пишете _____. *Vous écrivez une lettre.*

   A письмо   **B** письма

Astuce L'accusatif des noms masculins et neutres inanimés a la même forme que leur nominatif. Pour les animés, ils reprennent la forme du génitif.

Focus L'accusatif des noms féminins

Corrigé page 116

Transformez le nominatif en accusatif.

1. Я знаю эту (девочка). *Je connais cette fille.*

   A девочка   **B** девочку

2. Покажи мне её (фотография). *Montre-moi sa photo.*

   A фотографиу   **B** фотографию

3. Они видели там (мышь). *Elles/Ils ont vu là-bas une souris.*

   A мышь   **B** мышу

Module 12
ОСНОВЫ

4. Дай ему эту (идея). *Donne-lui cette idée.*
   - **A** идеу
   - **B** идею

5. Валя читает (книга). *Valia lit un livre.*
   - **A** книгу
   - **B** книгю

6. Возьми мою (тетрадь)! *Prends mon cahier !*
   - **A** тетрадю
   - **B** тетрадь

Astuce L'accusatif des féminins durs se termine en **у** ; celui des mous en **я** prend la terminaison **ю**; les féminins en signe mou prennent la forme du nominatif.

Focus L'accusatif pluriel des noms

Mettez l'accusatif singulier au pluriel.

Corrigé page 116

1. показываю зуб → показываю зуб__
   - **A** зубов
   - **B** зубы

2. решаю задачу → решаю задач__
   - **A** задачи
   - **B** задач

3. вижу девушку → вижу девуш__
   - **A** девушек
   - **B** девушки

4. глажу кота → глажу кот__
   - **A** коты
   - **B** котов

5. пью сок → пью сок__
   - **A** соков
   - **B** соки

Astuce L'accusatif pluriel est très simple. Les animés de tous les genres prennent la forme du génitif, tandis que les inanimés restent au nominatif.

Module 12
ОСНОВЫ

Focus L'accusatif des noms

Situez-vous dans la semaine.

Corrigé page 116

1. В (среда) мы идём в кино. *Mercredi, nous allons au cinéma.*

   A среду   **B** среде

2. В (воскресенье) у него турнир. *Dimanche, il a un tournoi.*

   A воскресенье   **B** воскресенью

3. В (четверг) будет дождь. *Jeudi, il pleuvra.*

   A четвергу   **B** четверг

4. В (пятница) у детей праздник. *Vendredi, les enfants ont une fête.*

   A пятница   **B** пятницу

5. Во (вторник) увидимся! *On se verra mardi !*

   A вторнику   **B** вторник

Astuce Pour situer un événement dans la semaine, on utilise le jour de la semaine à l'accusatif, précédé de la préposition **в** (**во** pour *mardi*).

Focus La notion de mouvement

Définissez s'il s'agit d'une action avec ou sans mouvement et choisissez la forme entre parenthèses qui convient.

1. Мы едем к (бабушка). *Nous allons chez la grand-mère.*

   A бабушке   **B** бабушки

2. Они сейчас на (работа). *Maintenant ils/elles sont au travail.*

   A работу   **B** работе

3. Ты кладёшь на (стол) книгу. *Tu mets le livre sur la table.*

   A стол   **B** столе

4. Возьми ключ в (карман). *Prends la clé dans la poche.*

   A кармане   **B** карман

Module 12
ОСНОВЫ

5. Поставь вазу в (шкаф). *Mets le vase dans le placard.*

   A шкафу   **B** шкаф

Focus L'accusatif des noms

Posez la question correcte (куда/откуда?) et choisissez le bon cas.

Corrigé page 116

1. Они идут в (школа).

   A школе   **B** школу

2. Эта книга из (библиотека).

   A библиотеку   **B** библиотеки

3. Лида идёт от (друзья).

   A друзей   **B** друзья

4. Илья вышел из (здание).

   A здание   **B** здания

Astuce Куда, *où*, est suivi de l'accusatif, tandis que **откуда**, *d'où*, est suivi du génitif.

Focus L'accusatif des adjectifs singuliers

Mettez l'adjectif à l'accusatif singulier (plusieurs options possibles).

1. красная

   A красную   **B** красное   **C** красная

2. синий

   A синего   **B** синяя   **C** синий

3. хорошее

   A хороший   **B** хорошиго   **C** хорошее

4. белый

   A белыго   **B** белого   **C** белая

Module 12
ОСНОВЫ

5. осенняя
   - **A** осеннюю
   - **B** осенную
   - **C** осеннего

6. тихое
   - **A** тихой
   - **B** тихово
   - **C** тихое

7. смешной
   - **A** смешной
   - **B** смешнаго
   - **C** смешного

Astuce L'accusatif des adjectifs relatifs au masculin et au neutre inanimés a la même forme que le nominatif. Les adjectifs accordés avec les animés reprennent la forme du génitif. Les adjectifs féminins durs ont la terminaison **ую**, tandis que les mous ont la terminaison **юю**.

Focus L'accusatif des adjectifs pluriels

Choisissez les variantes correctes à l'accusatif (plusieurs options possibles).

Corrigé page 116

1. большие
   - **A** большие
   - **B** больших

2. свободные
   - **A** свободные
   - **B** свободних

3. тихие
   - **A** тихых
   - **B** тихих

4. сладкие
   - **A** сладких
   - **B** сладкие

Astuce L'accusatif des adjectifs pluriels est simple : il reprend la forme du nominatif accordé avec des inanimés et celle du génitif, accordé avec les animés.

Module 12
ОСНОВЫ

Focus L'accord des adjectifs

Complétez la phrase.

Corrigé page 116

1. Вчера была плохая погода, а сегодня _____.

   A хорошая **B** чёрная **C** сильная

2. Таня хочет _____ машину.

   A нового **B** новую **C** новая

3. Где находится _____ музей?

   A белая **B** исторический **C** главного

4. Она купила красивое и _____ кресло.

   A удобного **B** ужасного **C** удобное

5. Мы видели его _____ друга.

   A близкого **B** близкую **C** близкий

6. Какой _____ анекдот!

   A тихий **B** смешной **C** сладкого

Module 12
СЛОВАРЬ

Noms

корова (f)	*vache*
процент (m)	*pour cent*
участник (m)	*participant*
килограмм (m)	*kilo*
сосед (m)	*voisin*
мышь (f)	*souris*
задача (f)	*tâche, problème*
ваза (f)	*vase*
анекдот (m)	*blague*

Verbes

смотреть	*regarder*
встретить	*rencontrer*
купить	*acheter*
показать	*montrer*
гладить	*caresser*
поставить	*mettre (horizontalement)*

Adjectifs

исторический	*historique, d'histoire*
главный	*principal*
ужасный	*terrible, affreux*
близкий	*proche*

Module 12
ОТВЕТЫ

Основы

VOTRE SCORE :

PAGE 108 - Les nombres
1 **B** 2 **A** 3 **B** 4 **A** 5 **B** 6 **B** 7 **A** 8 **B** 9 **A**

PAGES 108-109 - L'accusatif des noms masculins et neutres
1 **A** 2 **A** 3 **B** 4 **A** 5 **A** 6 **B** 7 **A** 8 **A**

PAGES 109-110 - L'accusatif des noms féminins
1 **B** 2 **B** 3 **A** 4 **B** 5 **A** 6 **B**

PAGE 110 - L'accusatif pluriel des noms
1 **B** 2 **A** 3 **A** 4 **B** 5 **B**

PAGE 111 - L'accusatif des noms
1 **A** 2 **A** 3 **B** 4 **B** 5 **B**

PAGES 111-112 - La notion de mouvement
1 **A** 2 **B** 3 **A** 4 **A** 5 **B**

PAGE 112 - L'accusatif des noms
1 **B** 2 **B** 3 **A** 4 **B**

PAGES 112-113 - L'accusatif des adjectifs singuliers
1 **A** 2 **A/C** 3 **C** 4 **B** 5 **A** 6 **C** 7 **A/C**

PAGE 113 - L'accusatif des adjectifs pluriels
1 **A/B** 2 **A** 3 **B** 4 **A/B**

PAGE 114 - L'accord des adjectifs
1 **A** 2 **B** 3 **B** 4 **C** 5 **A** 6 **B**

Vous avez obtenu entre 0 et 11 ? Reprenez chaque question en regardant les endroits où vous avez fait des erreurs.

Vous avez obtenu entre 12 et 24 ? C'est très moyen, mais ne vous découragez pas.

Vous avez obtenu entre 25 et 37 ? Analysez vos erreurs et révisez les notions, vous êtes sur la bonne voie !

Vous avez obtenu entre 38 et 48 ? Félicitations !

Vous avez obtenu 49 et plus ? Восхитительно! Браво!

Module 13
ОСНОВЫ

Focus Les particules indéfinies

Complétez la phrase avec l'indéfini qui convient.

Corrigé page 129

1. _____ пришёл. *Quelqu'un est arrivé.*
   - **A** Кто-то
   - **B** Кто-либо
   - **C** Никто

2. Здесь есть _____? *Y a-t-il quelqu'un ici ?*
   - **A** что-нибудь
   - **B** кто-нибудь
   - **C** где-нибудь

3. А _____ уже весна! *Et quelque part, c'est déjà le printemps !*
   - **A** что-то
   - **B** где-то
   - **C** когда-то

4. _____ мы будем вместе. *Un jour, nous serons ensemble.*
   - **A** Кое-когда
   - **B** Когда-либо
   - **C** Когда-нибудь

5. Опять она с _____ разговаривает. *De nouveau, elle parle avec quelqu'un.*
   - **A** кем-то
   - **B** кто-то
   - **C** чем-то

6. Дети _____ ушли. *Les enfants sont partis quelque part.*
   - **A** где-то
   - **B** кто-куда
   - **C** куда-то

Focus L'instrumental singulier des noms masculins et neutres

Mettez le nom à l'instrumental.

1. дерево
   - **A** деревем
   - **B** деревом

2. фломастер
   - **A** фломастером
   - **B** фломастерем

3. музей
   - **A** музеом
   - **B** музеем

4. море
   - **A** морем
   - **B** мором

Module 13
ОСНОВЫ

5. сок
   - **A** соком
   - **B** сокем

6. пароль
   - **A** паролем
   - **B** паролью

7. карандаш
   - **A** карандашем
   - **B** карандашом

8. ухо
   - **A** ухем
   - **B** ухом

9. душ
   - **A** душем
   - **B** душом

Astuce Le cas de complément circonstanciel, l'instrumental indique le moyen de l'action et du déplacement. Certains verbes nécessitent l'instrumental et souvent, *avec* et *par* français sont traduits via l'emploi de l'instrumental. Pour les masculins et les neutres durs au singulier, il est formé avec la terminaison **ом** ; pour les mous et les noms en chuintante, la terminaison est **ем** sauf quelques exceptions.

Focus L'instrumental singulier des noms féminins

Mettez le nom à l'instrumental.

Corrigé page 129

1. аллея
   - **A** аллеей
   - **B** аллей

2. книга
   - **A** книгей
   - **B** книгой

3. стена
   - **A** стеной
   - **B** стеню

4. собака
   - **A** собакой
   - **B** собакей

Module 13
ОСНОВЫ

5. песня

   A песнью   **B** песней

6. боль

   A болей   **B** болью

7. ваза

   A вазой   **B** вазей

8. щека

   A щекей   **B** щекой

9. почта

   A почтю   **B** почтой

Astuce L'instrumental des féminins au singulier est formé avec la terminaison **ой** pour les durs et **ей** pour les mous, sauf les mous en signe mou **ь** qui prennent la terminaison **ю**.

Focus L'instrumental pluriel des noms

Choisissez la forme correcte de l'instrumental pluriel.

Corrigé page 129

1. реки

   A реками   **B** рекями

2. столы

   A столями   **B** столами

3. души

   A душами   **B** душями

4. шаги

   A шагами   **B** шагями

5. зеркала

   A зеркалями   **B** зеркалами

Module 13
ОСНОВЫ

6. руки
   - **A** руками
   - **B** рукями

7. плащи
   - **A** плащями
   - **B** плащами

Astuce L'instrumental pluriel des noms durs de tous les genres est formé avec la terminaison **ами**, celui des mous **ями**.

Focus L'instrumental pluriel des noms

Mettez le mot à l'instrumental pluriel à partir du nominatif singulier.

Corrigé page 129

1. ночь
   - **A** ночями
   - **B** ночами

2. карандаш
   - **A** карандашями
   - **B** карандашами

3. море
   - **A** морями
   - **B** морами

4. человек
   - **A** человеками
   - **B** людьми

5. день
   - **A** денями
   - **B** днями

6. бровь
   - **A** бровями
   - **B** бровьми

7. пальто
   - **A** пальто
   - **B** пальтами

8. значение
   - **A** значениями
   - **B** значениями

Module 13
ОСНОВЫ

9. фотография

   A фотографиями
   B фотографиями

10. зима

    A зимами
    B зимями

Focus **L'instrumental des adjectifs singuliers**

Trouvez la terminaison correcte.

Corrigé page 129

1. Под син__ небом.

   A им   **B** ей   **C** ой

2. С любим__ подругой.

   A ему   **B** ой   **C** ым

3. Красн__ карандашом.

   A ым   **B** им   **C** ей

4. Давн__ мечтой.

   A ой   **B** ей   **C** им

5. Зелён__ полотенцем.

   A ой   **B** ом   **C** ым

6. Прошл__ летом.

   A ой   **B** им   **C** ым

7. С общ__ помощью.

   A ей   **B** ой   **C** им

8. Тих__ вечером.

   A ой   **B** им   **C** ым

Astuce L'instrumental singulier des adjectifs durs au masculin et neutre se termine en **ым**, celui des mous en **им**. La forme au singulier des adjectifs durs féminins est en **ой**, mous et en chuintante, en **ей**.

Module 13
ОСНОВЫ

Focus L'instrumental des adjectifs pluriels

Retrouvez la forme de l'instrumental pluriel.

Corrigé page 129

1. Свежим фруктом.
   - **A** Свежим фруктам.
   - **B** Свежими фруктами.

2. Поздним вечером.
   - **A** Поздными вечерами.
   - **B** Поздними вечерами.

3. Знакомой дорогой.
   - **A** Знакомыми дорогами.
   - **B** Знакомимы дорогами.

4. Новым планшетом.
   - **A** Новими планшетоми.
   - **B** Новыми планшетами.

5. С полным бокалом.
   - **A** С полными бокалами.
   - **B** С полными бокаломи.

6. Отличной мыслью.
   - **A** Отличними мысльями.
   - **B** Отличными мыслями.

Astuce L'instrumental pluriel des adjectifs durs de tous les genres est formé avec la terminaison **ыми**, celui des mous et ceux en chuintante **ими**.

Focus L'instrumental

Transformez la phrase à l'instrumental.

1. С (близкий родственник).
   - **A** С близким родственником.
   - **B** С близким родственникам.

2. (Цветные карандаши).
   - **A** Цветными карандашами.
   - **B** Цветным карандашом.

3. (Тихий звук).
   - **A** Тихым звуком.
   - **B** Тихим звуком.

Module 13
ОСНОВЫ

4. С (ужасное произношение).

    A С ужасной произношением.   **B** С ужасным произношением.

5. (Смелое предложение).

    A Смелым предложением.   **B** Смелим предложением.

6. С (красивые глаза).

    A С красивыми глазами.   **B** С красивым глазам.

Focus **L'instrumental**

Mettez la phrase à l'instrumental.

Corrigé page 129

1. крепкий кофе

    A крепким кофем

    B крепким кофе

    C крепкым кофе

2. чёрный карандаш

    A чёрным карандашем

    B чёрним карандашём

    C чёрным карандашом

3. красная помада

    A красней помадай

    B красной помадой

    C красней помадой

4. высокий потолок

    A высоким потолком

    B высокым потолком

    C высоким потолоком

Module 13
ОСНОВЫ

Corrigé page 129

5. всемирное потепление
   - A всемирным потепленем
   - B всемирним потеплением
   - C всемирным потеплением

6. хорошая погода
   - A хорошей погодой
   - B хорошой погодой
   - C хорошей погодай

7. толстый словарь
   - A толстым словаром
   - B толстым словарём
   - C толстым словарьом

8. отличная память
   - A отличной памятью
   - B отличней памятью
   - C отличной памятю

9. сильные дожди
   - A сильным дождём
   - B сильними дождями
   - C сильными дождями

Module 13
ОСНОВЫ

Focus L'instrumental et les verbes

Mettez le nom (et l'adjectif le cas échéant) à l'instrumental, si nécessaire.

1. Дети хотят этот (чёрный шоколад).

   A чёрный шоколад
   B чёрным шоколадом

2. Учитель пишет (красная ручка).

   A красной ручкей
   B красной ручкой

3. Мой сын хочет стать (космонавт).

   A космонавтом
   B космонавт

4. Твоя сестра занимается (йога).

   A йога
   B йогой

5. Завтра он будет в (офис).

   A офис
   B офисе

6. Ты работаешь (юрист)?

   A юристом
   B юрист

7. Лана рисует (краски).

   A краской
   B красками

8. Ты занимаешься (спорт).

   A спорт
   B спортом

Focus L'instrumental et les verbes

Choisissez le cas adéquat après le verbe.

Corrigé page 129

1. Когда Саша вырастет, она станет (актриса).

   A актрисе
   C актрису
   B актриса
   D актрисой

Module 13
ОСНОВЫ

2. Они умеют рисовать (картины).
   - **A** картины
   - **B** картиной
   - **C** картинами
   - **D** картин

3. Раньше Паша работал (пожарник).
   - **A** пожарника
   - **B** пожарником
   - **C** пожарник
   - **D** пожарнику

4. Вы увлекаетесь (живопись).
   - **A** живопись
   - **B** живописем
   - **C** живописью
   - **D** живописи

5. Эльвира купила себе (свитер).
   - **A** свитером
   - **B** свитера
   - **C** свитере
   - **D** свитер

6. Через год они будут (дипломированные специалисты).
   - **A** дипломированными специалистами
   - **B** дипломированные специалисты
   - **C** дипломированным специалистом
   - **D** дипломированной специалист

Corrigé page 129

Module 13
СЛОВАРЬ

Verbes

разговаривать	*parler*
стать	*devenir*
заниматься	*s'occuper, faire*
работать	*travailler*
вырасти	*grandir*
уметь	*savoir faire*
увлекаться	*se passionner pour, s'intéresser à*

Noms

весна (f)	*printemps*
фломастер (m)	*feutre*
душ (m)	*douche*
щека (f)	*joue*
небо (n)	*ciel*
мечта (f)	*rêve*
помощь (f)	*aide*
дорога (f)	*chemin*
планшет (m)	*tablette*
произношение (n)	*prononciation*
помада (f)	*rouge à lèvres*
потолок (m)	*plafond*
шоколад (m)	*chocolat*
космонавт (m)	*cosmonaute*
йога (f)	*yoga*
офис (m)	*bureau*

Module 13
СЛОВАРЬ

юрист (m)	*juriste*
краска (f)	*peinture*
спорт (m)	*sport*
картина (f)	*tableau*
пожарник (m)	*pompier*
живопись (f)	*peinture*
свитер (m)	*pull*
специалист (m)	*spécialiste*

Adjectifs et adverbes

любимый	*préféré, aimé*
давний	*de longue date, ancien*
зелёный	*vert*
прошлый	*passé*
общий	*commun, général*
знакомый	*connu, familier*
цветной	*de couleur*
крепкий	*fort*
толстый	*gros, épais*
дипломированный	*diplômé*
опять	*de nouveau*
раньше	*avant*
через	*dans*

Module 13
ОТВЕТЫ

Основы

PAGE 117 - Les particules indéfinies
1 **A** 2 **B** 3 **B** 4 **C** 5 **A** 6 **C**

PAGES 117-118 - L'instrumental singulier des noms masculins et neutres
1 **B** 2 **A** 3 **B** 4 **A** 5 **A** 6 **B** 7 **B** 8 **B** 9 **A**

PAGES 118-119 - L'instrumental singulier des noms féminins
1 **A** 2 **B** 3 **A** 4 **A** 5 **B** 6 **B** 7 **A** 8 **B** 9 **B**

PAGES 119-121 - L'instrumental pluriel des noms
1 **A** 2 **B** 3 **A** 4 **A** 5 **B** 6 **A** 7 **B**
1 **B** 2 **B** 3 **A** 4 **B** 5 **B** 6 **A** 7 **A** 8 **B** 9 **A** 10 **A**

PAGE 121 - L'instrumental des adjectifs singuliers
1 **A** 2 **B** 3 **A** 4 **B** 5 **C** 6 **C** 7 **A** 8 **B**

PAGE 122 - L'instrumental des adjectifs pluriels
1 **B** 2 **B** 3 **A** 4 **B** 5 **A** 6 **B**

PAGES 122-124 - L'instrumental
1 **A** 2 **A** 3 **B** 4 **B** 5 **A** 6 **A**
1 **B** 2 **C** 3 **B** 4 **A** 5 **C** 6 **A** 7 **B** 8 **A** 9 **C**

PAGES 125-126 - L'instrumental et les verbes
1 **A** 2 **B** 3 **A** 4 **B** 5 **B** 6 **A** 7 **B** 8 **B**
1 **D** 2 **A** 3 **B** 4 **C** 5 **D** 6 **A**

Vous avez obtenu entre 0 et 25 ? Reprenez chaque question en regardant les endroits où vous avez fait des erreurs.

Vous avez obtenu entre 26 et 41 ? C'est très moyen, mais ne vous découragez pas.

Vous avez obtenu entre 42 et 56 ? Analysez vos erreurs et révisez les notions, vous êtes sur la bonne voie !

Vous avez obtenu entre 57 et 73 ? Félicitations !

Vous avez obtenu 74 et plus ? Восхитительно! Браво!

Module 14
ОСНОВЫ

Focus Les nationalités

Choisissez la traduction correcte des nationalités (parfois plusieurs variantes sont possibles).

Corrigé page 139

1. *Japonais*
   - **A** жапонец
   - **B** японец
   - **C** японка

2. *Américaine*
   - **A** американец
   - **B** американская
   - **C** американка

3. *Allemand*
   - **A** немка
   - **B** немец
   - **C** немецкий

4. *Russe*
   - **A** русский
   - **B** руссец
   - **C** русская

5. *Italienne*
   - **A** итальянец
   - **B** итальянка
   - **C** италка

6. *Espagnol*
   - **A** испанец
   - **B** испаньёл
   - **C** испанка

7. *Arménienne*
   - **A** армяне
   - **B** армянин
   - **C** армянка

8. *Géorgien*
   - **A** грузинский
   - **B** грузин
   - **C** грузинка

9. *Chinois*
   - **A** китаец
   - **B** шинаец
   - **C** китаянка

10. *Turque*
    - **A** турок
    - **B** турка
    - **C** турчанка

Astuce En russe, les noms des nationalités s'écrivent avec une minuscule.

Module 14
ОСНОВЫ

Focus Les adjectifs provenant des nationalités

Composez des phrases.

Corrigé page 139

1. француз - вино
   - **A** французин вино
   - **B** французское вино

2. австриец - горы
   - **A** австришские горы
   - **B** австрийские горы

3. кореец - корабль
   - **A** корейский корабль
   - **B** корейская корабль

4. англичанин - юмор
   - **A** англицкий юмор
   - **B** английский юмор

5. украинец - команда
   - **A** украинецкая команда
   - **B** украинская команда

Focus La déclinaison des pronoms personnels au singulier

Mettez les pronoms à la forme indiquée. Parfois plusieurs variantes sont possibles.

1. она → *datif* _____
   - **A** её
   - **B** ей
   - **C** ему
   - **D** ею

2. я → *accusatif* _____
   - **A** меня
   - **B** мне
   - **C** меню
   - **D** мной

3. ты → *instrumental* _____
   - **A** тебе
   - **B** твой
   - **C** тебя
   - **D** тобой

4. оно → *génitif* _____
   - **A** его
   - **B** им
   - **C** её
   - **D** него

Module 14
ОСНОВЫ

> Corrigé page 139

5. я → *datif* _____
   - **A** мене
   - **B** мной
   - **C** мне
   - **D** меня

6. ты → *prépositionnel (locatif)* _____
   - **A** тобой
   - **B** тебе
   - **C** тебя
   - **D** ты

7. он → *génitif* _____
   - **A** его
   - **B** им
   - **C** него
   - **D** ним

8. она → *prépositionnel (locatif)* _____
   - **A** ней
   - **B** её
   - **C** ним
   - **D** неё

9. я → *instrumental* _____
   - **A** меной
   - **B** мной
   - **C** меня
   - **D** мне

10. он → *prépositionnel (locatif)* _____
    - **A** ней
    - **B** нем
    - **C** ём
    - **D** нём

Astuce Les pronoms personnels se déclinent aussi. Un **н**, s'ajoute aux pronoms de la 3ᵉ personne dans le cas où ils suivent une préposition.

Focus La déclinaison des pronoms personnels au pluriel

Mettez les pronoms à la forme indiquée. Parfois plusieurs variantes sont possibles.

1. мы → *génitif* _____
   - **A** нами
   - **B** ас
   - **C** нас
   - **D** меня

Module 14
ОСНОВЫ

2. они → *prépositionnel (locatif)* _____
   - **A** им
   - **B** их
   - **C** нами
   - **D** них

3. вы → *accusatif* _____
   - **A** вам
   - **B** вас
   - **C** вами
   - **D** вы

4. они → *génitif* _____
   - **A** им
   - **B** них
   - **C** их
   - **D** ими

5. вы → *prépositionnel (locatif)* _____
   - **A** вас
   - **B** вы
   - **C** вами
   - **D** вам

6. мы → *instrumental* _____
   - **A** мной
   - **B** нам
   - **C** мас
   - **D** нами

7. вы → *instrumental* _____
   - **A** вас
   - **B** вых
   - **C** вами
   - **D** вам

8. мы → *datif* _____
   - **A** нам
   - **B** нас
   - **C** ним
   - **D** мы

9. они → *datif* _____
   - **A** них
   - **B** их
   - **C** им
   - **D** ним

Corrigé page 139

Module 14
ОСНОВЫ

Focus Les adverbes

Choisissez l'adjectif ou l'adverbe le cas échéant.

Corrigé page 139

1. Мне с ними _____.
   - **A** скучный
   - **B** скучно

2. Какой _____ диван!
   - **A** удобно
   - **B** удобный

3. Зимой в России _____.
   - **A** холодно
   - **B** холодное

4. – Тебе этого не много? – Нет, мне _____!
   - **A** маленький
   - **B** мало

5. Она _____ девочка.
   - **A** весёлая
   - **B** весело

6. Вы _____ здесь бываете?
   - **A** часто
   - **B** частый

Focus La déclinaison des pronoms personnels

Complétez la phrase avec le pronom au cas qui convient.

1. Что ты _____ посоветуешь?
   - **A** нам
   - **B** мене

2. Таня опять говорит о _____.
   - **A** их
   - **B** нём

3. Я пойду туда с _____!
   - **A** тобой
   - **B** им

4. Как _____ зовут?
   - **A** его
   - **B** тобой

Module 14
ОСНОВЫ

5. Я звонил _____ вчера.
   - **A** тебя
   - **B** тебе

6. Нам будет хорошо без _____.
   - **A** него
   - **B** её

7. Вы будете работать со _____.
   - **A** тобой
   - **B** мной

8. Я горжусь _____!
   - **A** ним
   - **B** им

Focus Les verbes pronominaux

Choisissez la forme correcte.

Corrigé page 139

1. ты (заниматься)
   - **A** занимаешься
   - **B** занимается
   - **C** занимаешся
   - **D** занимаишься

2. это (говориться)
   - **A** говориться
   - **B** говорится
   - **C** говорятся
   - **D** говораться

3. он (увлекаться)
   - **A** увлекается
   - **B** увлекаются
   - **C** увлекаится
   - **D** увлекаеться

4. она (находиться)
   - **A** находиться
   - **B** находется
   - **C** находеться
   - **D** находится

5. мы (знакомиться)
   - **A** знакомимься
   - **B** знакомимся
   - **C** знакомемся
   - **D** знакомятся

Module 14
ОСНОВЫ

6. вы (смеяться)
   - **A** смеётися
   - **B** смеётся
   - **C** смеётесь
   - **D** смеетесь

7. я (договориться)
   - **A** договорюся
   - **B** договорусь
   - **C** договореся
   - **D** договорюсь

8. мы (встретиться)
   - **A** встретимся
   - **B** встретемся
   - **C** встретемься
   - **D** встретимься

Astuce Les verbes réfléchis ont la même conjugaison que les non réfléchis. On ajoute simplement au verbe conjugué la terminaison **ся** si le verbe se termine par une consonne et **сь** s'il se termine par une voyelle.

Focus — Les verbes pronominaux et les pronoms personnels

Corrigé page 139

Accordez le verbe нравиться.

1. Мы им _____. *Nous leur plaisons.*
   - **A** нравятся
   - **B** нравимся
   - **C** нравлюсь

2. Тебе _____ эти фрукты? *Aimes-tu ces fruits ?*
   - **A** нравется
   - **B** нравится
   - **C** нравятся

3. Ему _____ эта девочка. *Cette fille lui plaît.*
   - **A** нравится
   - **B** нравятся
   - **C** нравлюсь

4. Нам _____ лето. *Nous aimons bien l'été.*
   - **A** нравиться
   - **B** нравимся
   - **C** нравится

5. Я тебе _____? *Je te plais ?*
   - **A** нравлюсь
   - **B** нравишься
   - **C** нравимся

Module 14
СЛОВАРЬ

6. Ей _____ ездить на машине. *Elle aime rouler en voiture.*

   A нравятся **B** нравится **C** нравимся

Focus La conjugaison

Corrigé page 139

Complétez par le mot entre parenthèses, en choisissant la forme correcte.

1. Дай (я) эту книгу!

   A мне **B** меня **C** мной

2. Дима узнал (они).

   A них **B** им **C** их

3. Идёте с (мы)?

   A нами **B** нас **C** нам

4. Не думай о (она)!

   A ей **B** ней **C** неё

5. Валя (он) нравится.

   A нему **B** его **C** ему

6. Они просто смеются надо (я).

   A мной **B** меня **C** мне

Verbes

посоветовать	*conseiller*
гордиться	*être fière de*
смеяться	*rire, se moquer*
ездить	*aller (en moyen de locomotion)*

Module 14
СЛОВАРЬ

Noms

японец (m), **японка** (f)	*Japonais, Japonaise*
американец (m), **американка** (f)	*Américain, Américaine*
немец (m), **немка** (f)	*Allemand, Allemande*
русский (m), **русская** (f)	*Russe*
итальянец (m), **итальянка** (f)	*Italien, Italienne*
испанец (m), **испанка** (f)	*Espagnol, Espagnole*
армянин (m), **армянка** (f)	*Arménien, Arménienne*
грузин (m), **грузинка** (f)	*Géorgien, Géorgienne*
китаец (m), **китаянка** (f)	*Chinois, Chinoise*
турок (m), **турчанка** (f)	*Turc, Turque*
француз (m), **француженка** (f)	*Français, Française*
вино (n)	*vin*
австриец (m), **австрийка** (f)	*Autrichien, Autrichienne*
гора (f)	*montagne*
кореец (m), **кореянка** (f)	*Coréen, Coréenne*
корабль (m)	*bâteau*
англичанин (m), **англичанка** (f)	*Anglais, Anglaise*
украинец (m), **украинка** (f)	*Ukrainien, Ukrainienne*
команда (f)	*équipe*

Adjectifs et adverbes

скучный, скучно	*ennuyeux*
удобно	*commode*
холодно	*froid*
мало	*peu*
весело	*gaiement*
часто	*souvent*
туда	*là-bas (avec mouvement)*
вчера	*hier*

Module 14
ОТВЕТЫ

Основы

PAGE 130 - Les nationalités
1 **B** 2 **C** 3 **B** 4 **A**/**C** 5 **B** 6 **A** 7 **C** 8 **B** 9 **A** 10 **C**

VOTRE SCORE :

PAGE 131 - Les adjectifs provenant des nationalités
1 **B** 2 **B** 3 **A** 4 **B** 5 **B**

PAGES 131-132 - La déclinaison des pronoms personnels au singulier
1 **B** 2 **A** 3 **D** 4 **A**/**D** 5 **C** 6 **B** 7 **A**/**C** 8 **A** 9 **B** 10 **D**

PAGES 132-133 - La déclinaison des pronoms personnels au pluriel
1 **C** 2 **D** 3 **B** 4 **B**/**C** 5 **A** 6 **D** 7 **C** 8 **A** 9 **C**/**D**

PAGE 134 - Les adverbes
1 **B** 2 **B** 3 **A** 4 **B** 5 **A** 6 **A**

PAGES 134-135 - La déclinaison des pronoms personnels
1 **A** 2 **B** 3 **A** 4 **A** 5 **B** 6 **A** 7 **B** 8 **B**

PAGES 135-136 - Les verbes pronominaux
1 **A** 2 **B** 3 **A** 4 **D** 5 **B** 6 **C** 7 **D** 8 **A**

PAGES 136-137 - Les verbes pronominaux et les pronoms personnels
1 **B** 2 **C** 3 **A** 4 **C** 5 **A** 6 **B**

PAGE 137 - La conjugaison
1 **A** 2 **C** 3 **A** 4 **B** 5 **C** 6 **A**

Vous avez obtenu entre 0 et 15 ? Reprenez chaque question en regardant les endroits où vous avez fait des erreurs.

Vous avez obtenu entre 16 et 29 ? C'est très moyen, mais ne vous découragez pas.

Vous avez obtenu entre 30 et 43 ? Analysez vos erreurs et révisez les notions, vous êtes sur la bonne voie !

Vous avez obtenu entre 44 et 57 ? Félicitations !

Vous avez obtenu 58 et plus ? Восхитительно! Браво!

Module 15
ОСНОВЫ

Focus Les noms de capitales

Traduisez les noms de capitales.

Corrigé page 149

1. *Moscou*
   - Ⓐ Москва
   - Ⓑ Москба

2. *Paris*
   - Ⓐ Париж
   - Ⓑ Парис

3. *Londres*
   - Ⓐ Лондр
   - Ⓑ Лондон

4. *Berlin*
   - Ⓐ Берлин
   - Ⓑ Берлэн

5. *Rome*
   - Ⓐ Ром
   - Ⓑ Рим

6. *Athènes*
   - Ⓐ Афины
   - Ⓑ Атины

7. *Le Caire*
   - Ⓐ Кайр
   - Ⓑ Каир

8. *Madrid*
   - Ⓐ Мадиред
   - Ⓑ Мадрид

9. *Tokyo*
   - Ⓐ Токио
   - Ⓑ Токьё

10. *Pékin*
    - Ⓐ Пейкен
    - Ⓑ Пекин

Module 15
ОСНОВЫ

Focus Les noms de pays

Choisissez le nom de pays correct.

Corrigé page 149

1. *Angleterre*
   - **A** Англия
   - **B** Англиция

2. *Allemagne*
   - **A** Жермания
   - **B** Германия

3. *Chine*
   - **A** Китай
   - **B** Чина

4. *Turquie*
   - **A** Туркия
   - **B** Турция

5. *Russie*
   - **A** Россия
   - **B** Русь

6. *Espagne*
   - **A** Испания
   - **B** Эспания

7. *Suisse*
   - **A** Швейцария
   - **B** Швеция

8. *France*
   - **A** Франсия
   - **B** Франция

9. *Grèce*
   - **A** Грекия
   - **B** Греция

10. *Japon*
    - **A** Япония
    - **B** Жапония

Module 15
ОСНОВЫ

Focus La négation

Placez correctement la particule négative pour respecter la traduction.

1. *Ce n'est pas lui que j'aime.*

   A Я не люблю его.   **B** Я люблю не его.   **C** Не я люблю его.

2. *Vous n'avez pas lu ce livre.*

   A Вы не читали эту книгу.   **B** Не вы читали эту книгу.   **C** Вы читали не эту книгу.

3. *Ce ne sont pas eux qui vont au théâtre ensemble.*

   A Они идут вместе не в театр.   **B** Они идут в театр не вместе.   **C** Не они идут вместе в театр.

4. *Ce n'est pas ce gâteau qu'elle a acheté.*

   A Этот торт купила не она.   **B** Она купила не этот торт.   **C** Она не купила этот торт.

Astuce La particule négative **не** se place devant le mot sur lequel porte la négation.

Focus La déclinaison des noms en chuintante

Choisissez la forme correcte au cas indiqué.

Corrigé page 149

1. мышь → _____ *nominatif pluriel*

   A мыши   **B** мышы

2. груша → _____ *génitif pluriel*

   A грушей   **B** груш

3. задача → _____ *accusatif singulier*

   A задачю   **B** задачу

4. вещь → _____ *instrumental pluriel*

   A вещами   **B** вещьми

5. ёж → _____ *génitif pluriel*

   A ежов   **B** ежей

Module 15
ОСНОВЫ

6. флаг → _____ *nominatif pluriel*

   A флаги **B** флагы

7. ночь → _____ *génitif pluriel*

   A ночей **B** ночь

8. карандаш → _____ *instrumental singulier*

   A карандашём **B** карандашом

9. нож → _____ *génitif pluriel*

   A ножей **B** ножов

Focus · La voyelle mobile au génitif pluriel

Choisissez la forme correcte du génitif pluriel.

Corrigé page 149

1. окно → _____

   A окн **B** окон

2. туфля → _____

   A туфлей **B** туфель

3. дыня → _____

   A дынь **B** дыней

4. ложка → _____

   A ложк **B** ложек

5. дверь → _____

   A дверей **B** дверов

6. яйцо → _____

   A яиц **B** яйц

7. сестра → _____

   A сестрей **B** сестёр

8. кресло → _____

   A креслов **B** кресел

Module 15
ОСНОВЫ

9. песня → _____

   A песн

   B песен

10. ручка → _____

    A ручек

    B ручок

Focus La déclinaison des adjectifs en chuintante

Choisissez la forme correcte au cas indiqué.

Corrigé page 149

1. большой → _____ *nominatif pluriel*

   A большие

   B большые

2. мягкие → _____ *masculin au datif singulier*

   A мягкему

   B мягкому

3. хорошая → _____ *féminin à l'instrumental singulier*

   A хорошой

   B хорошей

4. близкий → _____ *neutre au locatif singulier*

   A близком

   B близким

5. общая → _____ *datif pluriel*

   A общым

   B общим

6. тихая → _____ *instrumental pluriel*

   A тихими

   B тихыми

7. прежние → _____ *féminin au génitif singulier*

   A прежней

   B прежной

8. свежая → _____ *locatif pluriel*

   A свежых

   B свежих

9. поздние → _____ *féminin à l'accusatif singulier*

   A поздную

   B позднюю

10. сладкий → _____ *féminin au locatif singulier*

    A сладкой

    B сладкей

Module 15
ОСНОВЫ

Focus La déclinaison avec des chuintantes

Complétez avec la terminaison appropriée.

1. С лучш__ другом.
   - **A** им
   - **B** ым
   - **C** ей

2. На тих__ улице.
   - **A** ей
   - **B** ой
   - **C** ёй

3. После утренн__ газеты.
   - **A** ой
   - **B** его
   - **C** ей

4. С последн__ новостями.
   - **A** ими
   - **B** ыми
   - **C** ями

5. С весёл__ компанией.
   - **A** ой
   - **B** ей
   - **C** ым

6. В лучш__ случае.
   - **A** ей
   - **B** ом
   - **C** ем

7. Без везуч__ брата.
   - **A** его
   - **B** ей
   - **C** ого

8. О высок__ дереве.
   - **A** ем
   - **B** ой
   - **C** ом

Focus La déclinaison avec des chuintantes

Complétez la phrase avec la forme correcte.

Corrigé page 149

1. Они спят в (общий) спальне.
   - **A** общой
   - **B** общей

2. Где (ближайший) аптека?
   - **A** ближайшую
   - **B** ближайшая

3. Они говорят с (настоящий) героем!
   - **A** настоящим
   - **B** настоящем

Module 15
ОСНОВЫ

4. Мама была у (лечащий) врача.

   A лечащиго   **B** лечащего

5. Вы выходите на (следующий) остановке?

   A следующей   **B** следующой

6. Я знаю его (старший) сестру.

   A старшую   **B** старшюю

Focus Le lexique

Complétez la phrase.

Corrigé page 149

1. Ты можешь мне _____?

   A увидеть   **B** помочь

2. Там слишком много _____.

   A людей   **B** собака

3. Будешь борщ с _____?

   A воды   **B** хлебом

4. Бабушка хорошо _____.

   A плачет   **B** готовит

5. Дети уже _____ читать.

   A умеют   **B** знают

6. Здесь _____ пахнет!

   A дурно   **B** весело

Module 15
ОСНОВЫ

Focus La conjugaison

Choisissez le pronom qui convient.

Corrigé page 149

1. ___ видят
   - **A** я
   - **B** они
   - **C** вы
   - **D** он

2. ___ видите
   - **A** она
   - **B** оно
   - **C** ты
   - **D** вы

3. ___ видишь
   - **A** мы
   - **B** вы
   - **C** ты
   - **D** он

4. ___ видит
   - **A** вы
   - **B** она
   - **C** они
   - **D** мы

5. ___ вижу
   - **A** она
   - **B** они
   - **C** ты
   - **D** я

6. ___ видим
   - **A** оно
   - **B** вы
   - **C** мы
   - **D** они

7. ___ видит
   - **A** вы
   - **B** он
   - **C** я
   - **D** мы

Module 15
СЛОВАРЬ

Verbes

выходить	sortir, descendre
готовить	cuisiner
пахнуть	sentir
видеть	voir

я вижу	je vois	мы видим	nous voyons
ты видишь	tu vois	вы видите	vous voyez
он/она/оно видит	il/elle/il voit	они видят	ils/elles voient

Noms

театр (m)	théâtre
ёж (m)	hérisson
туфля (f)	soulier, chaussure
дыня (f)	melon
ложка (f)	cuillère
яйцо (n)	œuf
случай (m)	hasard, cas
спальня (f)	chambre à coucher
аптека (f)	pharmacie
герой (m)	héros
остановка (f)	arrêt (de bus)
люди (pl)	gens
вода (f)	eau
хлеб (m)	pain
бабушка (f)	grand-mère

Adjectifs et adverbes

вместе	ensemble
мягкий	doux, mou
лучший	meilleur
после	après
везучий	chanceux
настоящий	authentique, vrai
следующий	suivant
старший	aîné
слишком	trop
дурно	mal

Module 15
ОТВЕТЫ

VOTRE SCORE :

Основы

PAGE 140 - Les noms de capitales
1 **A** 2 **A** 3 **B** 4 **A** 5 **B** 6 **A** 7 **B** 8 **B** 9 **A** 10 **B**

PAGE 141 - Les noms de pays
1 **A** 2 **B** 3 **A** 4 **B** 5 **A** 6 **A** 7 **A** 8 **B** 9 **B** 10 **A**

PAGE 142 - La négation
1 **B** 2 **A** 3 **C** 4 **B**

PAGES 142-143 - La déclinaison des noms en chuintante
1 **A** 2 **B** 3 **B** 4 **A** 5 **B** 6 **A** 7 **A** 8 **B** 9 **A**

PAGES 143-144 - La voyelle mobile au génitif pluriel
1 **B** 2 **B** 3 **A** 4 **B** 5 **A** 6 **A** 7 **B** 8 **B** 9 **B** 10 **A**

PAGE 144 - La déclinaison des adjectifs en chuintante
1 **A** 2 **B** 3 **B** 4 **A** 5 **B** 6 **A** 7 **A** 8 **B** 9 **B** 10 **A**

PAGES 145-146 - La déclinaison avec des chuintantes
1 **A** 2 **B** 3 **C** 4 **A** 5 **A** 6 **C** 7 **A** 8 **C**
1 **B** 2 **B** 3 **A** 4 **B** 5 **A** 6 **A**

PAGE 146 - Le lexique
1 **B** 2 **A** 3 **B** 4 **B** 5 **A** 6 **A**

PAGE 147 - La conjugaison
1 **B** 2 **D** 3 **C** 4 **B** 5 **D** 6 **C** 7 **B**

Vous avez obtenu entre 0 et 15 ? Reprenez chaque question en regardant les endroits où vous avez fait des erreurs.

Vous avez obtenu entre 16 et 33 ? C'est très moyen, mais ne vous découragez pas.

Vous avez obtenu entre 34 et 51 ? Analysez vos erreurs et révisez les notions, vous êtes sur la bonne voie !

Vous avez obtenu entre 52 et 69 ? Félicitations !

Vous avez obtenu 70 et plus ? Восхитительно! Браво!

Module 16
ОСНОВЫ

Focus Les adjectifs provenant des mois de l'année

Corrigé page 159

Retrouvez l'adjectif provenant du mois.

1. январь
   - **A** январский
   - **B** январевый

2. февраль
   - **A** февральский
   - **B** февральный

3. март
   - **A** мартский
   - **B** мартовский

4. апрель
   - **A** апрелевский
   - **B** апрельский

5. май
   - **A** майский
   - **B** маевский

6. июнь
   - **A** июневский
   - **B** июньский

7. июль
   - **A** июльский
   - **B** июльнский

8. август
   - **A** августский
   - **B** августовский

9. сентябрь
   - **A** сентябрьский
   - **B** сентябревский

10. октябрь
    - **A** октябревый
    - **B** октябрьский

11. ноябрь
    - **A** ноябрский
    - **B** ноябрьский

12. декабрь
    - **A** декабрёвый
    - **B** декабрьский

Module 16
ОСНОВЫ

Focus Les adjectifs provenant des saisons de l'année

Choisissez l'adjectif correct qui correspond à la saison indiquée.

1. зима
   - **A** зимовый
   - **B** зимний

2. весна
   - **A** весенний
   - **B** весенной

3. лето
   - **A** летовый
   - **B** летний

4. осень
   - **A** осенневый
   - **B** осенний

Focus La déclinaison des noms irréguliers

Corrigé page 159

Choisissez la forme correcte.

1. Он купил десяток _____. *Il a acheté une dizaine d'œufs.*
   - **A** яйца
   - **B** яиц

2. Она дала мне два _____. *Elle m'a donné deux œufs.*
   - **A** яйцо
   - **B** яйца

3. Я хочу взять это _____. *Je veux prendre cet œuf.*
   - **A** яйце
   - **B** яйцо

4. Откуда у тебя эти _____? *Où as-tu eu ces œufs ?*
   - **A** яйца
   - **B** яйцы

5. Хочешь хлеба с _____? *Veux-tu du pain avec un œuf ?*
   - **A** яйцом
   - **B** яйцу

6. В _____ есть белок. *Les œufs contiennent des protéines.*
   - **A** яйцы
   - **B** яйцах

Module 16
ОСНОВЫ

Focus — La déclinaison des noms irréguliers

Choisissez la forme adaptée au cas.

Corrigé page 159

1. У моей _____ есть кот. *Ma sœur a un chat.*
   - **A** сестре
   - **B** сестра
   - **C** сестры

2. Дай телефон её _____. *Donne le téléphone à ses sœurs.*
   - **A** сестрах
   - **B** сёстрам
   - **C** сестре

3. У него нет _____. *Il n'a pas de sœur.*
   - **A** сестру
   - **B** сестре
   - **C** сестры

4. Они говорят об их _____. *Ils parlent de leur sœur.*
   - **A** сестре
   - **B** сестру
   - **C** сестрой

5. Они _____? *Sont-elles sœurs ?*
   - **A** сестра
   - **B** сёстры
   - **C** сестёр

6. Ты знакома с моей _____? *Connais-tu ma sœur ?*
   - **A** сестру
   - **B** сестрой
   - **C** сестре

7. Гордитесь своими _____! *Soyez fiers de vos sœurs !*
   - **A** сёстрами
   - **B** сёстрах
   - **C** сёстрам

8. Видишь его _____? *Vois-tu sa sœur ?*
   - **A** сестру
   - **B** сестрой
   - **C** сестра

Focus — Les verbes de position

Choisissez la forme correcte.

1. он _____
   - **A** стоит
   - **B** стоят

2. мы _____
   - **A** седим
   - **B** сидим

Module 16
ОСНОВЫ

3. они _____
   - **A** висит
   - **B** висят

4. ты _____
   - **A** лежишь
   - **B** лежиш

5. я _____
   - **A** висю
   - **B** вишу

6. она _____
   - **A** лежит
   - **B** лежыт

7. вы _____
   - **A** вишите
   - **B** висите

8. я _____
   - **A** ложу
   - **B** кладу

9. оно _____
   - **A** висит
   - **B** висет

Focus Les verbes de position

Choisissez le verbe qui convient.

Corrigé page 159

1. Дима _____ на диване. *Dima est assis sur le divan.*
   - **A** стоит
   - **B** сидит
   - **C** лежит

2. Я _____ в очереди. *Je fais la queue.*
   - **A** лежу
   - **B** сижу
   - **C** стою

3. Оксана _____ туда на машине. *Oksana y va en voiture.*
   - **A** стоит
   - **B** едет
   - **C** лежит

4. Дети _____ на кровати. *Les enfants sont allongés sur le lit.*
   - **A** лежат
   - **B** сидят
   - **C** висят

5. Девочки _____ у окна. *Les filles sont (debout) à côté de la fenêtre.*
   - **A** стоят
   - **B** висят
   - **C** сидят

Module 16
ОСНОВЫ

6. Пальто _____ в шкафу. *Le manteau est dans l'armoire.*
   - **A** стоит
   - **B** висит
   - **C** сидит

7. Ваза _____ в центре стола. *Le vase est au centre de la table.*
   - **A** висит
   - **B** лежит
   - **C** стоит

8. _____ ключи в свой карман. *Mets les clés dans ta poche.*
   - **A** Положи
   - **B** Поставь
   - **C** Посади

Astuce Souvent les verbes de position sont traduits par le verbe *être*.

Focus Les mots indénombrables

Choisissez la forme du nominatif pluriel quand elle existe, sinon le singulier correct.

1. молоко
   - **A** молоко
   - **B** молоки

Corrigé page 159

2. вода
   - **A** воды
   - **B** вода

3. еда
   - **A** еды
   - **B** еда

4. зло
   - **A** злы
   - **B** зло

5. вино
   - **A** вино
   - **B** вина

6. молодёжь
   - **A** молодёжь
   - **B** молодёжи

Astuce Certains mots ne s'utilisent qu'au singulier car ils sont indénombrables : on ne peut pas les compter.

Module 16
ОСНОВЫ

Focus Les mots indénombrables

Accordez le nom au génitif (pluriel quand c'est possible).

Corrigé page 159

1. много (зелень) _____
   - **A** зеленей
   - **B** зелени

2. мало (сахар) _____
   - **A** сахара
   - **B** сахары

3. много (судьба) _____
   - **A** судьбы
   - **B** судеб

4. много (яйцо) _____
   - **A** яиц
   - **B** яйца

5. мало (вера) _____
   - **A** веры
   - **B** вер

6. много (бутылка) _____
   - **A** бутылки
   - **B** бутылок

Astuce Pour les noms indénombrables après les noms signifiant la quantité, on utilise le génitif singulier.

Focus Les mots indénombrables

Définissez si le mot a un pluriel ou non.

1. март
   - **A** oui
   - **B** non

2. мечта
   - **A** non
   - **B** oui

3. железо
   - **A** non
   - **B** oui

Module 16
ОСНОВЫ

4. грусть
   - (A) oui
   - (B) non

5. детство
   - (A) non
   - (B) oui

6. сердце
   - (A) oui
   - (B) non

7. обувь
   - (A) oui
   - (B) non

8. информация
   - (A) non
   - (B) oui

Focus La conjugaison

Choisissez la forme correcte.

Corrigé page 159

1. мы _____
   - (A) бегим
   - (B) бежим
   - (C) бедим
   - (D) бежем

2. он _____
   - (A) бежит
   - (B) бегит
   - (C) бежет
   - (D) бегёт

3. я _____
   - (A) бегю
   - (B) бежу
   - (C) бегу
   - (D) бежю

4. они _____
   - (A) бежат
   - (B) бегут
   - (C) бегат
   - (D) бежут

Module 16
ОСНОВЫ

5. ты _____
   - **A** бегёшь
   - **B** бежышь
   - **C** бежешь
   - **D** бежишь

6. она _____
   - **A** бежит
   - **B** бегит
   - **C** бегёт
   - **D** бежёт

7. вы _____
   - **A** бегите
   - **B** бежете
   - **C** бегете
   - **D** бежите

8. оно _____
   - **A** бегит
   - **B** бежет
   - **C** бежит
   - **D** бегёт

Corrigé page 159

Module 16
СЛОВАРЬ

Verbes

сидеть	être assis
висеть	être suspendu, accroché
лежать	être couché, allongé
класть	mettre (horizontalement)
положить	mettre (horizontalement)
бежать	courir

я бегу	je cours	мы бежим	nous courons
ты бежишь	tu cours	вы бежите	vous courez
он/она/оно бежит	il/elle/il court	они бегут	ils/elles courent

Noms

осень (f)	automne
десяток (m)	dizaine
белок (m)	protéine
телефон (m)	téléphone
центр (m)	centre
карман (m)	poche
зло (n)	mal
молодёжь (f)	jeunesse
зелень (f)	verdure
судьба (f)	destin
вера (f)	foi
железо (n)	fer
грусть (f)	tristesse
детство (n)	enfance
сердце (n)	cœur
обувь (f)	chaussures
информация (f)	information

Adverbes

много	beaucoup

Module 16
ОТВЕТЫ

Основы

PAGE 150 - Les adjectifs provenant des mois de l'année
1 **A** 2 **A** 3 **B** 4 **B** 5 **A** 6 **B** 7 **A** 8 **B** 9 **A** 10 **B** 11 **B** 12 **B**

PAGE 151 - Les adjectifs provenant des saisons de l'année
1 **B** 2 **A** 3 **B** 4 **B**

PAGES 151-152 - La déclinaison des noms irréguliers
1 **B** 2 **B** 3 **B** 4 **B** 5 **A** 6 **B**
1 **C** 2 **B** 3 **C** 4 **A** 5 **B** 6 **B** 7 **A** 8 **A**

PAGES 152-154 - Les verbes de position
1 **A** 2 **B** 3 **B** 4 **B** 5 **B** 6 **A** 7 **B** 8 **B** 9 **A**
1 **B** 2 **C** 3 **B** 4 **A** 5 **A** 6 **B** 7 **C** 8 **A**

PAGES 154-156 - Les mots indénombrables
1 **A** 2 **A** 3 **B** 4 **B** 5 **B** 6 **A**
1 **B** 2 **A** 3 **B** 4 **A** 5 **A** 6 **B**
1 **B** 2 **B** 3 **A** 4 **B** 5 **A** 6 **A** 7 **B** 8 **A**

PAGES 156-157 - La conjugaison
1 **B** 2 **A** 3 **C** 4 **B** 5 **D** 6 **A** 7 **D** 8 **C**

Vous avez obtenu entre 0 et 22 ? Reprenez chaque question en regardant les endroits où vous avez fait des erreurs.

Vous avez obtenu entre 23 et 36 ? C'est très moyen, mais ne vous découragez pas.

Vous avez obtenu entre 37 et 50 ? Analysez vos erreurs et révisez les notions, vous êtes sur la bonne voie !

Vous avez obtenu entre 51 et 64 ? Félicitations !

Vous avez obtenu 65 et plus ? Восхитительно! Браво!

Module 17
ОСНОВЫ

Focus La déclinaison des noms propres

Choisissez la forme correcte du nom propre décliné.

1. Я еду в (Москва) _____.
   - **A** Москва
   - **B** Москву

2. Вы из (Англия) _____?
   - **A** Англии
   - **B** Англие

3. Они живут в (Китай) _____.
   - **A** Китае
   - **B** Китаи

4. Путешествие по (Польша) _____.
   - **A** Польши
   - **B** Польше

5. Они находятся в (Лондон) _____.
   - **A** Лондоне
   - **B** Лондон

6. Альпинисты поднимаются на (Эверест) _____.
   - **A** Эвересту
   - **B** Эверест

7. Этот парень из (Ливерпуль) _____.
   - **A** Ливерпуля
   - **B** Ливерпули

8. Каникулы во (Вьетнам) _____.
   - **A** Вьетнаме
   - **B** Вьетнам

9. Увидеть (Париж) _____.
   - **A** Париж
   - **B** Парижа

10. Она вернулась из (Египет) _____.
    - **A** Египета
    - **B** Египта

Focus La déclinaison des prénoms suivis de patronymes

Choisissez la forme correcte des noms entre parenthèses.

1. Ты видел (Татьяна Владимировна)?
   - **A** Татьяне Владимировне
   - **B** Татьяну Владимировну

Corrigé page 169

Module 17
ОСНОВЫ

2. Она знает (Олег Игоревич).
   - **A** Олегу Игоревичу
   - **B** Олега Игоревича

3. Дети идут к (Лилия Николаевна).
   - **A** Лилии Николаевне
   - **B** Лилие Николаевне

4. Знакомьтесь с (Алексей Анатольевич)
   - **A** Алексеем Анатольевичем
   - **B** Алексея Анатольевича

5. Он пришёл от (Светлана Васильевна).
   - **A** Светлане Васильевне
   - **B** Светланы Васильевны

6. Расскажи мне о (Виктор Михайлович).
   - **A** Виктора Михайловича
   - **B** Викторе Михайловиче

7. Вы знаете (Надежда Петровна)?
   - **A** Надежда Петровна
   - **B** Надежду Петровну

8. Здесь нет (Сергей Павлович).
   - **A** Сергея Павловича
   - **B** Сергеи Павловичи

Astuce Les prénoms et les noms de famille se déclinent comme les noms.

Focus La déclinaison des noms de familles

Accordez le nom de famille entre parenthèses.

Corrigé page 169

1. (Мельников) тоже придут?
   - **A** Мельников
   - **B** Мельниковы

2. Тамара (Иванов) – моя подруга.
   - **A** Иванов
   - **B** Иванова

3. Я иду к Антону (Смирнов) домой.
   - **A** Смирнову
   - **B** Смирнове

4. Она говорит о Лилии (Ахматова).
   - **A** Ахматовом
   - **B** Ахматовой

Module 17
ОСНОВЫ

Corrigé page 169

5. Вы знаете Евгения (Онегин)?
   - **A** Онегина
   - **B** Онегину

6. Позвоните Елене (Чёрных).
   - **A** Чёрной
   - **B** Чёрных

7. Я слышал это от Сергея (Рыбак).
   - **A** Рыбака
   - **B** Рыбак

8. Петра (Коваленко) здесь нет.
   - **A** Коваленко
   - **B** Коваленку

Astuce Les noms de familles s'accordent dans la plupart des cas en genre et nombre. Ceux qui se terminent par **ый**, **ой** ou **ий** (et leurs formes féminines) se déclinent comme des adjectifs. En revanche, ceux qui se terminent par une consonne se déclinent comme des noms. Le plus souvent les noms de famille en **енко** et **ых** restent inchangeables. Enfin, les plus répandus, ceux en **ов** et **ин** (et leurs féminins), ont la déclinaison mixte entre les noms et les adjectifs.

Focus La déclinaison des noms en signe mou

Donnez le genre des noms suivants.

1. бровь
   - **A** F
   - **B** M

2. часть
   - **A** M
   - **B** F

3. путь
   - **A** M
   - **B** F

4. корабль
   - **A** F
   - **B** M

5. ночь
   - **A** M
   - **B** F

Module 17
ОСНОВЫ

6. пароль
   - **A** M
   - **B** F
7. вещь
   - **A** F
   - **B** M
8. зверь
   - **A** F
   - **B** M
9. день
   - **A** M
   - **B** F
10. дверь
    - **A** F
    - **B** M

Focus La déclinaison des noms en signe mou

Complétez avec les mots entre parenthèses en mettant au cas voulu.

Corrigé page 169

1. Совсем нет (мысли) _____. Pas du tout d'idées.
   - **A** мыслев
   - **B** мыслей
   - **C** мыслёв

2. Как много (кровь) _____! Que de sang !
   - **A** крови
   - **B** кровя
   - **C** крове

3. Гулять под (дождь) _____. Se promener sous la pluie.
   - **A** дождью
   - **B** дождей
   - **C** дождём

4. Без их (помощь) _____. Sans leur aide.
   - **A** помоща
   - **B** помощя
   - **C** помощи

5. До (осень) _____ ещё два месяца. Il y a encore deux mois jusqu'à l'automne.
   - **A** осени
   - **B** осеня
   - **C** осене

6. Добавь больше (зелень) _____. Ajoute plus de verdure.
   - **A** зеленя
   - **B** зелени
   - **C** зеленю

Module 17
ОСНОВЫ

7. Только для (молодёжь) _____. Uniquement pour la jeunesse.
   - A молодёжы
   - B молодёжа
   - C молодёжи

8. Фильм про (мыши) _____. Le film sur les souris.
   - A мышов
   - B мышей
   - C мыший

9. Читаю со (словарь) _____. Je lis avec un dictionnaire.
   - A словарью
   - B словарей
   - C словарём

10. В конце (очередь) _____. À la fin de la queue.
    - A очередя
    - B очереди
    - C очереда

Focus — La déclinaison des noms en signe mou

Complétez avec les mots entre parenthèses en mettant au cas indiqué.

Corrigé page 169

1. (путь) instrumental
   - A путём
   - B путью
   - C путей

2. (боль) génitif
   - A болью
   - B боли
   - C боле

3. (учитель) datif
   - A учители
   - B учителю
   - C учителя

4. (живопись) locatif
   - A живопися
   - B живописа
   - C живописи

5. (обувь) instrumental
   - A обувью
   - B обувём
   - C обувей

Focus — La déclinaison des noms irréguliers

Mettez le nom irrégulier au cas indiqué.

1. Залезть на (дерево). accusatif
   - A дерево
   - B дереве

2. Спуститься с (дерево) génitif singulier
   - A дерева
   - B дерево

Module 17
ОСНОВЫ

3. Подойти к (дерево). datif singulier
   - **A** дереве
   - **B** дереву

4. Сидеть на (дерево). locatif singulier
   - **A** дереве
   - **B** дереви

5. Любоваться (дерево). instrumental singulier
   - **A** деревем
   - **B** деревом

6. Растут (дерево). nominatif pluriel
   - **A** деревья
   - **B** деревы

7. Нет (дерево). génitif pluriel
   - **A** дерево
   - **B** деревьев

8. Говорить о (дерево). locatif pluriel
   - **A** деревьях
   - **B** деревьям

Focus Le moyen de déplacement

Choisissez la phrase correcte.

Corrigé page 169

1. aller en voiture
   - **A** ехать на машине
   - **B** идти на машине

2. aller en avion
   - **A** ехать на самолёте
   - **B** лететь на самолёте

3. aller à vélo
   - **A** ехать на велосипеде
   - **B** ехать в велосипеде

4. aller en camion
   - **A** идти на грузовике
   - **B** ехать на грузовике

5. aller en hélicoptère
   - **A** ехать в вертолёте
   - **B** лететь на вертолёте

6. aller en bateau
   - **A** плыть на корабле
   - **B** ехать на корабле

Module 17
ОСНОВЫ

Focus Le moyen de déplacement

Choisissez les noms qui conviennent (plusieurs variantes sont possibles).

Corrigé page 169

1. ехать на
   - **A** скейте
   - **B** машине
   - **C** самолёте

2. кататься на
   - **A** роликах
   - **B** мотоцикле
   - **C** лошади

3. плыть на
   - **A** мопеде
   - **B** лодке
   - **C** плоту

4. ехать на
   - **A** лошади
   - **B** трамвае
   - **C** стуле

5. лететь на
   - **A** крыльях
   - **B** автобусе
   - **C** вертолёте

6. ехать на
   - **A** мухе
   - **B** коне
   - **C** осле

Focus La conjugaison

Choisissez la forme correcte du verbe ездить.

1. Я _____.
   - **A** еду
   - **B** ежжу
   - **C** едю
   - **D** езжу

2. Мы _____.
   - **A** ездим
   - **B** едим
   - **C** едем
   - **D** ездем

3. Он _____.
   - **A** ездет
   - **B** едет
   - **C** ездит
   - **D** едит

Module 17
СЛОВАРЬ

4. Ты _____.

   A ездишь

   B ездешь

   C едешь

   D едеш

5. Они _____.

   A ездут

   B едут

   C едят

   D ездят

6. Она _____.

   A ездет

   B едит

   C ездит

   D едет

7. Вы _____.

   A ездите

   B едите

   C едете

   D ездете

8. Оно _____.

   A едит

   B ездит

   C ездет

   D едет

Corrigé page 169

Verbes

жить	*vivre*
подниматься	*monter*
увидеть	*voir*
вернуться	*revenir*
позвонить	*téléphoner*
слышать	*entendre*
гулять	*se promener*
добавить	*ajouter*
залезть	*grimper*
спуститься	*descendre*

Module 17
СЛОВАРЬ

подойти	s'approcher
любоваться	admirer
расти	croître, grandir
кататься	faire du, se promener en
плыть	nager
лететь	voler
ездить	aller (en moyen de locomotion)
я езжу je vais	**мы ездим** nous allons
ты ездишь tu vas	**вы ездите** vous allez
он/она/оно ездит il/elle/il va	**они ездят** ils/elles vont

Noms

путешествие (n)	voyage
каникулы (pl)	vacances
конец (m)	fin, bout
самолёт (m)	avion
велосипед (m)	vélo
грузовик (m)	camion
вертолёт (m)	hélicoptère
скейт (m)	skate, planche à roulettes
ролики (pl)	rollers
мотоцикл (m)	moto
лошадь (f)	cheval
мопед (m)	mobylette
трамвай (m)	tramway
крыло (n)	aile
муха (f)	mouche
конь (m)	cheval
осёл (m)	âne

Module 17
ОТВЕТЫ

Основы

PAGE 160 - La déclinaison des noms propres
1 **B** 2 **A** 3 **A** 4 **B** 5 **A** 6 **B** 7 **A** 8 **A** 9 **A** 10 **B**

PAGES 160-161 - La déclinaison des prénoms suivis de patronymes
1 **B** 2 **B** 3 **A** 4 **A** 5 **B** 6 **B** 7 **B** 8 **A**

PAGES 161-162 - La déclinaison des noms de familles
1 **B** 2 **B** 3 **A** 4 **B** 5 **A** 6 **B** 7 **A** 8 **A**

PAGES 162-164 - La déclinaison des noms en signe mou
1 **A** 2 **B** 3 **A** 4 **B** 5 **B** 6 **A** 7 **A** 8 **B** 9 **A** 10 **A**
1 **B** 2 **A** 3 **C** 4 **C** 5 **A** 6 **B** 7 **C** 8 **B** 9 **C** 10 **B**
1 **A** 2 **B** 3 **B** 4 **C** 5 **A**

PAGES 164-165 - La déclinaison des noms irréguliers
1 **A** 2 **A** 3 **B** 4 **A** 5 **B** 6 **A** 7 **B** 8 **A**

PAGE 165-166 - Le moyen de déplacement
1 **A** 2 **B** 3 **A** 4 **B** 5 **B** 6 **A**
1 **A**/**B** 2 **A**/**B**/**C** 3 **B**/**C** 4 **A**/**B** 5 **A**/**C** 6 **B**/**C**

PAGES 166-167 - La conjugaison
1 **D** 2 **A** 3 **C** 4 **A** 5 **D** 6 **C** 7 **A** 8 **B**

Vous avez obtenu entre 0 et 21 ? Reprenez chaque question en regardant les endroits où vous avez fait des erreurs.

Vous avez obtenu entre 22 et 37 ? C'est très moyen, mais ne vous découragez pas.

Vous avez obtenu entre 38 et 52 ? Analysez vos erreurs et révisez les notions, vous êtes sur la bonne voie !

Vous avez obtenu entre 53 et 68 ? Félicitations !

Vous avez obtenu 69 et plus ? Восхитительно! Браво!

Module 18
ОСНОВЫ

Focus Les dizaines

Choisissez l'orthographe correcte.

1. 10
   - **A** десить
   - **B** десять

2. 20
   - **A** дватцать
   - **B** двадцать

3. 30
   - **A** тридцать
   - **B** тритсать

4. 40
   - **A** сорок
   - **B** сорак

5. 50
   - **A** пятдесят
   - **B** пятьдесят

6. 60
   - **A** шестьдесят
   - **B** шестдесять

7. 70
   - **A** семдесят
   - **B** семьдесят

8. 80
   - **A** восемдесят
   - **B** восемьдесят

9. 90
   - **A** девиносто
   - **B** девяносто

10. 100
    - **A** сто
    - **B** што

Module 18
ОСНОВЫ

Focus Les adjectifs substantivés

Choisissez l'adjectif qui peut s'utiliser comme nom (plusieurs réponses possibles).

1.
   - **A** ванная
   - **B** кухонная

2.
   - **A** прохожий
   - **B** прохожая

3.
   - **A** тихая
   - **B** гласная

4.
   - **A** будущее
   - **B** настоящее

5.
   - **A** больной
   - **B** красный

6.
   - **A** железная
   - **B** прихожая

Astuce Certains adjectifs s'emploient dans la fonction du nom. Parfois, c'est une expression « tronquée » qui ne retient que l'adjectif.

Focus La déclinaison des noms neutre en -мя au singulier

Choisissez la forme correcte au cas indiqué.

Corrigé page 179

1. пламя → _____ génitif singulier
   - **A** пламяни
   - **B** пламени

2. имя → _____ datif singulier
   - **A** имени
   - **B** именю

3. племя → _____ accusatif singulier
   - **A** племя
   - **B** племю

Module 18
ОСНОВЫ

4. семя → _____ instrumental singulier
   - **A** семенем
   - **B** семьёй

5. знамя → _____ génitif singulier
   - **A** знамяни
   - **B** знамени

6. имя → _____ instrumental singulier
   - **A** именем
   - **B** именим

7. темя → _____ locatif singulier
   - **A** темю
   - **B** темени

8. вымя → _____ accusatif singulier
   - **A** вымени
   - **B** вымя

9. стремя → _____ génitif singulier
   - **A** стремени
   - **B** стремян

10. бремя → _____ locatif singulier
    - **A** бремене
    - **B** бремени

Astuce Dix noms neutres en **мя** ont une déclinaison particulière.

Focus La déclinaison des noms neutre en -мя au pluriel

Mettez le nom au nominatif pluriel quand c'est possible.

Corrigé page 179

1. имя
   - **A** ими
   - **B** non
   - **C** имена

2. вымя
   - **A** non
   - **B** вымена
   - **C** выми

3. темя
   - **A** теми
   - **B** темени
   - **C** non

Module 18
ОСНОВЫ

4. знамя
   - **A** знамёна
   - **B** знамена
   - **C** nop

5. бремя
   - **A** бремина
   - **B** nop
   - **C** бремяны

6. племя
   - **A** nop
   - **B** племена
   - **C** племёны

Astuce 4 neutres en **мя** n'ont pas de pluriel : **бремя**, **вымя**, **пламя**, **темя**.

Focus La déclinaison des noms neutre en -мя au pluriel

Choisissez la forme correcte du cas indiqué.

Corrigé page 179

1. время → _____ datif pluriel
   - **A** временам
   - **B** временам

2. имя → _____ génitif pluriel
   - **A** имён
   - **B** имян

3. знамя → _____ datif pluriel
   - **A** знамям
   - **B** знамёнам

4. племя → _____ instrumental pluriel
   - **A** племенами
   - **B** племенем

5. имя → _____ datif pluriel
   - **A** имёнам
   - **B** именам

6. знамя → _____ nominatif pluriel
   - **A** знамены
   - **B** знамёна

7. время → _____ accusatif pluriel
   - **A** времена
   - **B** времёна

Module 18
ОСНОВЫ

8. имя → _____ instrumental pluriel
   - **A** имёнами
   - **B** именами

9. знамя → _____ génitif pluriel
   - **A** знамён
   - **B** знамий

10. имя → _____ locatif pluriel
    - **A** именах
    - **B** имёнах

Focus La déclinaison des noms neutre en -ие au singulier

Choisissez la forme correcte.

Corrigé page 179

1. расписание → _____ génitif singulier
   - **A** расписания
   - **B** расписанию

2. здание → _____ datif singulier
   - **A** зданию
   - **B** здании

3. предложение → _____ locatif singulier
   - **A** предложение
   - **B** предложении

4. значение → _____ accusatif singulier
   - **A** значению
   - **B** значение

5. объявление → _____ locatif singulier
   - **A** объявлении
   - **B** объявление

6. путешествие → _____ instrumental singulier
   - **A** путешествием
   - **B** путешествиим

7. произношение → _____ génitif singulier
   - **A** произношение
   - **B** произношения

8. увлечение → _____ locatif singulier
   - **A** увлечении
   - **B** увлечение

Module 18
ОСНОВЫ

Focus La déclinaison des noms neutre en -ие au pluriel

Transformez le singulier en pluriel en le mettant au même cas.

1. по объявлению → по _____ le datif
   - **A** объявлениям
   - **B** объявленям
   - **C** объявлением

2. после увеличения → после _____ le génitif
   - **A** увелечен
   - **B** увелеченый
   - **C** увелечений

3. с произношением → с _____ l'instrumental
   - **A** произношениями
   - **B** произношениими
   - **C** произношеними

4. в путешествии → в _____ le locatif
   - **A** путешествах
   - **B** путешествиях
   - **C** путешествиех

5. предложение → _____ le nominatif
   - **A** предложение
   - **B** предложении
   - **C** предложения

6. значение → _____ l'accusatif
   - **A** значении
   - **B** значения
   - **C** значение

7. в здании → _____ le locatif
   - **A** зданиях
   - **B** зданиих
   - **C** зданийах

8. до собрания → _____ le génitif
   - **A** собрании
   - **B** собраней
   - **C** собраний

Focus Le lexique

Situez l'événement en utilisant la racine du nom.

Corrigé page 179

1. день, jour → _____, dans la journée
   - **A** денём
   - **B** днём

2. ночь, nuit → _____, dans la nuit
   - **A** ночью
   - **B** ночей

Module 18
ОСНОВЫ

3. утро, matin → _____, le matin
   - **A** утром
   - **B** утрем

4. вечер, soir → _____, le soir
   - **A** вечерем
   - **B** вечером

Focus Les verbes avec la base en -йти

Choisissez la ou les verbes existants.

Corrigé page 179

1. ___йти
   - **A** с
   - **B** при
   - **C** ото

2. ___йти
   - **A** во
   - **B** в
   - **C** из

3. ___йти
   - **A** рас
   - **B** без
   - **C** вы

4. ___йти
   - **A** у
   - **B** на
   - **C** ги

5. ___йти
   - **A** но
   - **B** ве
   - **C** пере

6. ___йти
   - **A** взо
   - **B** воз
   - **C** пру

7. ___йти
   - **A** ис
   - **B** подо
   - **C** ве

8. ___йти
   - **A** з
   - **B** про
   - **C** за

Astuce La base verbale **йти** est très productive. On peut former une multitude de nouveaux verbes avec des préverbes différents. Tous ces verbes vont se conjuguer de la même manière en base **-йти**.

Module 18
ОСНОВЫ

Focus La conjugaison

Choisissez la forme verbale correcte.

Corrigé page 179

1. мы _____
   - **A** пойдём
   - **B** пойдим
   - **C** пойдем
   - **D** подём

2. он _____
   - **A** поидёт
   - **B** поедёт
   - **C** пойдет
   - **D** пойдёт

3. вы _____
   - **A** поедете
   - **B** пойдите
   - **C** пойдёте
   - **D** пойдете

4. я _____
   - **A** пойдю
   - **B** поеду
   - **C** поедю
   - **D** пойду

5. они _____
   - **A** пойдет
   - **B** пойдут
   - **C** пойдют
   - **D** поедут

6. ты _____
   - **A** пойдёшь
   - **B** пойдишь
   - **C** пойдешь
   - **D** пойдёш

7. она _____
   - **A** пойдит
   - **B** пойдет
   - **C** пойдёт
   - **D** пойдьот

Module 18
СЛОВАРЬ

Verbes

отойти	*s'éloigner (à pied)*
войти	*entrer (à pied)*
выйти	*sortir (à pied)*
найти	*trouver*
перейти	*traverser (à pied)*
взойти	*monter (à pied)*
пройти	*passer à côté*
зайти	*passer en entrant*
пойти	*voir*
я пойду *je vois*	**мы пойдём** *nous voyons*
ты пойдёшь *tu vois*	**вы пойдёте** *vous voyez*
он/она/оно пойдёт *il/elle/il voit*	**они пойдут** *ils/elles voient*

Noms

ванная (f)	*salle de bains*
прохожий (m), прохожая (f)	*passant (e)*
гласная (f)	*voyelle*
будущее (n)	*futur*
настоящее (n)	*présent*
больной (m)	*malade*
прихожая (f)	*entrée (pièce)*
пламя (n)	*flamme*
имя (n)	*nom, prénom*
племя (n)	*tribu*
семя (n)	*semence, graine*
знамя (n)	*drapeau*
темя (n)	*sinciput (anatomie)*
вымя (n)	*pis*
стремя (n)	*étrier*
бремя (n)	*fardeau*
здание (n)	*bâtiment*
увлечение (n)	*passion*
собрание (n)	*réunion*
утро (n)	*matin*

Adjectifs et adverbes

кухонная	*de cuisine*
красный	*rouge*

Module 18
ОТВЕТЫ

Основы

PAGE 170 - Les dizaines
1 **B** 2 **B** 3 **A** 4 **A** 5 **B** 6 **A** 7 **B** 8 **B** 9 **B** 10 **A**

PAGE 171 - Les adjectifs substantivés
1 **A** 2 **A**/**B** 3 **B** 4 **A**/**B** 5 **A** 6 **B**

PAGES 171-172 - La déclinaison des noms neutre en **-мя** au singulier
1 **B** 2 **A** 3 **A** 4 **A** 5 **B** 6 **A** 7 **B** 8 **B** 9 **A** 10 **B**

PAGES 172-174 - La déclinaison des noms neutre en **-мя** au pluriel
1 **C** 2 **A** 3 **C** 4 **A** 5 **B** 6 **B**
1 **A** 2 **A** 3 **B** 4 **A** 5 **B** 6 **B** 7 **A** 8 **B** 9 **A** 10 **A**

PAGE 174 - La déclinaison des noms neutre en **-ие** au singulier
1 **A** 2 **A** 3 **B** 4 **B** 5 **A** 6 **A** 7 **B** 8 **A**

PAGE 175 - La déclinaison des noms neutre en **-ие** au pluriel
1 **A** 2 **C** 3 **A** 4 **B** 5 **C** 6 **B** 7 **A** 8 **C**

PAGES 175-176 - Le lexique
1 **B** 2 **A** 3 **A** 4 **B**

PAGE 176 - Les verbes avec la base en **-йти**
1 **B**/**C** 2 **A** 3 **C** 4 **A**/**B** 5 **C** 6 **A** 7 **B** 8 **B**/**C**

PAGE 177 - La conjugaison
1 **A** 2 **D** 3 **C** 4 **D** 5 **B** 6 **A** 7 **C**

VOTRE SCORE :

Vous avez obtenu entre 0 et 19 ? Reprenez chaque question en regardant les endroits où vous avez fait des erreurs.

Vous avez obtenu entre 20 et 35 ? C'est très moyen, mais ne vous découragez pas.

Vous avez obtenu entre 36 et 50 ? Analysez vos erreurs et révisez les notions, vous êtes sur la bonne voie !

Vous avez obtenu entre 51 et 66 ? Félicitations !

Vous avez obtenu 67 et plus ? Восхитительно! Браво!

Module 19
ОСНОВЫ

Focus Les noms de parenté

Choisissez la traduction correcte.

Corrigé page 190

1. sœur
   - **A** двоюродная сестра
   - **B** сестра

2. père
   - **A** отец
   - **B** поп

3. frère
   - **A** брат
   - **B** фрат

4. grand-mère
   - **A** бабочка
   - **B** бабушка

5. mère
   - **A** мать
   - **B** мат

6. cousin
   - **A** кузин
   - **B** двоюродный брат

7. fils
   - **A** сын
   - **B** сан

8. grand-père
   - **A** дебушка
   - **B** дедушка

9. oncle
   - **A** дядя
   - **B** дада

10. cousine
    - **A** двоюродный брат
    - **B** двоюродная сестра

11. fille
    - **A** дочь
    - **B** дача

12. tante
    - **A** тата
    - **B** тётя

Module 19
ОСНОВЫ

Focus L'incompatibilité orthographique

Choisissez les lettres qui ne peuvent pas s'écrire ensemble à cause de l'incompatibilité orthographique.

1.
   - **A** тя
   - **B** жы
   - **C** мы

2.
   - **A** лы
   - **B** гы
   - **C** ты

3.
   - **A** хы
   - **B** бы
   - **C** сы

4.
   - **A** жя
   - **B** вы
   - **C** чы

5.
   - **A** кры
   - **B** кы
   - **C** ды

6.
   - **A** мю
   - **B** фы
   - **C** шя

7.
   - **A** чя
   - **B** ефт
   - **C** мо

8.
   - **A** ца
   - **B** рю
   - **C** щя

Focus Le pluriel particulier

Choisissez la forme correcte du pluriel.

Corrigé page 190

1. день
   - **A** дени
   - **B** дены
   - **C** дни

2. адрес
   - **A** адресы
   - **B** адреса
   - **C** адреси

Module 19
ОСНОВЫ

3. кот
   - **A** коты
   - **B** коти
   - **C** кота

4. глаз
   - **A** глазья
   - **B** глаза
   - **C** глазы

5. друг
   - **A** други
   - **B** другы
   - **C** друзья

6. дерево
   - **A** деревья
   - **B** дерева
   - **C** деревы

7. вечер
   - **A** вечера
   - **B** вечеры
   - **C** вечери

8. брат
   - **A** братя
   - **B** братья
   - **C** браты

9. дом
   - **A** домы
   - **B** домьи
   - **C** дома

10. сын
    - **A** сыновья
    - **B** сынья
    - **C** сыни

Focus Le pluriel particulier

Retrouvez la forme correcte du pluriel.

Corrigé page 190

1. gens
   - **A** человеки
   - **B** люди

2. fille
   - **A** дочери
   - **B** дочи

3. enfants
   - **A** дети
   - **B** ребёнки

Module 19
ОСНОВЫ

4. chaise

   A стули   **B** стулья

Focus La déclinaison des mots interrogatifs

Mettez le mot interrogatif au cas indiqué.

Corrigé page 190

1. кто → _____ accusatif

   A кто   **B** кого

2. кто → _____ génitif

   A кого   **B** кто

3. кто → _____ locatif

   A ктом   **B** ком

4. кто → _____ instrumental

   A кого   **B** кем

5. кто → _____ datif

   A кому   **B** ктому

Focus La déclinaison des mots interrogatifs

Mettez le mot interrogatif au cas indiqué.

1. что → _____ locatif

   A чём   **B** чтом

2. что → _____ accusatif

   A чего   **B** что

3. что → _____ datif

   A чему   **B** чтему

Module 19
ОСНОВЫ

4. что → _____ génitif
   - **A** чего
   - **B** что

5. что → _____ instrumental
   - **A** чём
   - **B** чем

Focus Les verbes de mouvement

Choisissez les verbes qui correspondent au moyen de déplacement.

Corrigé page 190

1. à pied
   - **A** хожу
   - **B** едут
   - **C** плывём

2. à la nage
   - **A** бегают
   - **B** плаваешь
   - **C** ездит

3. à pied
   - **A** идут
   - **B** ходим
   - **C** летит

4. en volant
   - **A** летаем
   - **B** бегу
   - **C** иду

5. en moyen de locomotion
   - **A** несу
   - **B** ездят
   - **C** едем

6. à pied
   - **A** бегаете
   - **B** возишь
   - **C** ходит

7. à la nage
   - **A** летим
   - **B** плаваю
   - **C** носят

8. en moyen de locomotion
   - **A** везёшь
   - **B** ходите
   - **C** ездим

9. en volant
   - **A** бежишь
   - **B** лечу
   - **C** несут

Module 19
ОСНОВЫ

Astuce On distingue en russe 14 paires des verbes « de mouvement » qui expriment tous un moyen de déplacement particulier : à pied, en volant, en nageant ou en moyen de locomotion.

Focus Les verbes de mouvement

Choisissez le verbe défini.

Corrigé page 190

1.
   - **A** плавать
   - **B** плыть

2.
   - **A** бегать
   - **B** бежать

3.
   - **A** идти
   - **B** ходить

4.
   - **A** ездить
   - **B** ехать

5.
   - **A** нести
   - **B** носить

6.
   - **A** лететь
   - **B** летать

7.
   - **A** возить
   - **B** везти

8.
   - **A** ползти
   - **B** ползать

Module 19
ОСНОВЫ

Focus — Les verbes de mouvement

Choisissez le verbe « actif », orienté vers le sujet (et pas l'objet).

Corrigé page 190

1.
   - **A** бежать
   - **B** нести

2.
   - **A** возить
   - **B** ехать

3.
   - **A** вести
   - **B** ходить

4.
   - **A** идти
   - **B** везти

5.
   - **A** носить
   - **B** лететь

6.
   - **A** везти
   - **B** бегать

7.
   - **A** плыть
   - **B** водить

Astuce L'action de certains verbes de mouvement ou déplacement, comme on les appelle également, peut être portée sur un objet. Ainsi, pouvons-nous distinguer les verbes « actifs » et « passifs ».

Focus — Les verbes de mouvement

Choisissez la forme correcte du verbe.

1. идти
   - **A** иду
   - **B** идту

2. лететь
   - **A** летает
   - **B** летит

Module 19
ОСНОВЫ

3. бежать
   - **A** бегаю
   - **B** бегут

4. плавать
   - **A** плаваешь
   - **B** плывём

5. ходить
   - **A** хожу
   - **B** хожу

6. ехать
   - **A** едут
   - **B** ехают

7. носить
   - **A** ношу
   - **B** носю

8. летать
   - **A** летим
   - **B** летаем

9. ездить
   - **A** ездят
   - **B** ездют

10. везти
    - **A** везу
    - **B** веду

Focus Les verbes de mouvement

Insérez la forme correcte.

Corrigé page 190

1. Они _____ в школу.
   - **A** едет
   - **B** плавают
   - **C** ходить
   - **D** идут

2. Я люблю _____ самолётами.
   - **A** ходить
   - **B** летать
   - **C** ездить
   - **D** плавать

Module 19
ОСНОВЫ

3. Каждую неделю я _____ на йогу.
   - **A** хожу
   - **B** иду
   - **C** несу
   - **D** езду

4. Сегодня вечером она _____ в театр.
   - **A** ездит
   - **B** идёт
   - **C** ходит
   - **D** летает

5. Дети _____ по четвергам.
   - **A** идут
   - **B** везут
   - **C** плывут
   - **D** плавают

6. Обычно он _____ в парке.
   - **A** бежит
   - **B** бегит
   - **C** бегает
   - **D** бежает

7. Когда ты _____ в Санкт-Петербург?
   - **A** летишь
   - **B** летаешь
   - **C** ездишь
   - **D** ходишь

8. Мы часто _____ туда на велосипеде.
   - **A** ходим
   - **B** едем
   - **C** ездим
   - **D** плаваем

9. Сейчас они _____ в аэропорт на такси.
   - **A** ездят
   - **B** летят
   - **C** летают
   - **D** едут

10. Вы тоже _____ с нами в супермаркет?
    - **A** идёте
    - **B** ходите
    - **C** летаете
    - **D** ездите

Corrigé page 190

Module 19
СЛОВАРЬ

Verbes

ходить	*aller (à pied)*
бегать	*courir*
плавать	*nager*
летать	*aller (en volant)*
нести	*porter (à pied)*
возить	*porter (en moyen de locomotion)*
носить	*porter (à pied)*
везти	*porter (en moyen de locomotion)*
ползти	*ramper*
ползать	*ramper*
водить	*amener (à pied), conduire*

Noms

двоюродная сестра (f)	*cousine*
поп (m)	*pope*
бабочка (f)	*papillon*
двоюродный брат (m)	*cousin*
дедушка (m)	*grand-père*
дача (f)	*datcha (maison de campagne)*
четверг (m)	*jeudi*
супермаркет (m)	*supermarché*

Adjectifs et adverbes

каждый	*chacun*
обычно	*habituellement*

Module 19
ОТВЕТЫ

Основы

PAGE 180 - Les noms de parenté
1 **B** 2 **A** 3 **A** 4 **B** 5 **A** 6 **B** 7 **A** 8 **B** 9 **A** 10 **B** 11 **A** 12 **B**

PAGE 181 - L'incompatibilité orthographique
1 **B** 2 **B** 3 **C** 4 **A**/**C** 5 **B** 6 **C** 7 **A** 8 **C**

PAGES 181-183 - Le pluriel particulier
1 **C** 2 **B** 3 **A** 4 **B** 5 **C** 6 **A** 7 **A** 8 **B** 9 **C** 10 **A**
1 **B** 2 **A** 3 **A** 4 **B**

PAGES 183-184 - La déclinaison des mots interrogatifs
1 **B** 2 **A** 3 **B** 4 **B** 5 **A**
1 **A** 2 **B** 3 **A** 4 **A** 5 **B**

PAGES 184-188 - Les verbes de mouvement
1 **A** 2 **B** 3 **A**/**B** 4 **A** 5 **B**/**C** 6 **A**/**C** 7 **B** 8 **A**/**C** 9 **B**
1 **B** 2 **B** 3 **A** 4 **B** 5 **A** 6 **A** 7 **B** 8 **A**
1 **A** 2 **B** 3 **A** 4 **B** 5 **B** 6 **B** 7 **A**
1 **A** 2 **B** 3 **B** 4 **A** 5 **B** 6 **A** 7 **B** 8 **B** 9 **A** 10 **A**
1 **D** 2 **B** 3 **A** 4 **B** 5 **D** 6 **C** 7 **A** 8 **C** 9 **D** 10 **A**

Vous avez obtenu entre 0 et 30 ? Reprenez chaque question en regardant les endroits où vous avez fait des erreurs.

Vous avez obtenu entre 31 et 46 ? C'est très moyen, mais ne vous découragez pas.

Vous avez obtenu entre 47 et 61 ? Analysez vos erreurs et révisez les notions, vous êtes sur la bonne voie !

Vous avez obtenu entre 62 et 77 ? Félicitations !

Vous avez obtenu 78 et plus ? Восхитительно! Браво!

Module 20
ОСНОВЫ

Focus Les professions

Choisissez la forme correcte.

Corrigé page 199

1. Анна – _____.
   - **A** врач
   - **B** врачиха

2. Елена – _____.
   - **A** писатель
   - **B** писательница

3. Светлана – _____.
   - **A** директорица
   - **B** директор

4. Евгения – _____.
   - **A** фотограф
   - **B** фотографша

5. Валентина – _____.
   - **A** менеджерша
   - **B** менеджер

6. Надежда – _____.
   - **A** учительница
   - **B** учитель

7. Мария – _____.
   - **A** артист
   - **B** артистка

8. Анастасия – _____.
   - **A** журналистка
   - **B** журналист

9. Ольга – _____.
   - **A** певец
   - **B** певица

10. Татьяна – _____.
    - **A** юристка
    - **B** юрист

11. Ирина – _____.
    - **A** переводчица
    - **B** переводчик

Astuce Certaines professions n'ont pas de forme féminine en russe même si le féminin existe dans la langue parlée, à l'écrit l'on utilise le masculin.

Module 20
ОСНОВЫ

Focus La déclinaison particulière

Mettez le nom à la forme indiquée.

Corrigé page 199

1. ребёнок → _____ génitif singulier
   - **A** ребёнока
   - **B** ребёнка

2. ребёнок → _____ nominatif pluriel
   - **A** ребёнки
   - **B** дети

3. ребёнок → _____ instrumental singulier
   - **A** ребёнком
   - **B** ребёноком

4. ребёнок → _____ locatif singulier
   - **A** ребёноке
   - **B** ребёнке

5. ребёнок → _____ datif pluriel
   - **A** детям
   - **B** детам

6. ребёнок → _____ accusatif singulier
   - **A** ребёнка
   - **B** ребёнок

7. ребёнок → _____ instrumental pluriel
   - **A** детями
   - **B** детьми

8. ребёнок → _____ datif singulier
   - **A** ребёнку
   - **B** ребёнкю

9. ребёнок → _____ locatif pluriel
   - **A** детях
   - **B** ребёнках

10. ребёнок → _____ accusatif pluriel
    - **A** дети
    - **B** детей

Module 20
ОСНОВЫ

Focus La voyelle mobile dans les noms masculins

Choisissez la forme correcte au cas indiqué.

Corrigé page 199

1. рот → _____ génitif singulier
   - **A** рта
   - **B** рота

2. кот → _____ datif pluriel
   - **A** ктам
   - **B** котам

3. японец → _____ accusatif singulier
   - **A** японец
   - **B** японца

4. потолок → _____ locatif singulier
   - **A** потолоке
   - **B** потолке

5. сосед → _____ instrumental singulier
   - **A** соседом
   - **B** сосдом

6. сон → _____ locatif pluriel
   - **A** сне
   - **B** соне

7. конец → _____ génitif singulier
   - **A** конеца
   - **B** конца

8. белок → _____ nominatif pluriel
   - **A** белоки
   - **B** белки

9. день → _____ accusatif pluriel
   - **A** дни
   - **B** дней

10. отец → _____ instrumental singulier
    - **A** отцом
    - **B** отецом

11. процент → _____ génitif pluriel
    - **A** проценотов
    - **B** процентов

12. лёд → _____ instrumental singulier
    - **A** льдом
    - **B** лёдом

Module 20
ОСНОВЫ

> **Astuce** On trouve la voyelle mobile au nominatif singulier de plusieurs mots masculins lorsque le mot se termine par deux consonnes ou plus. Il s'agit de la voyelle **o** ou **e** en position non accentuée et à proximité d'une chuintante. Cette voyelle disparaît lors de la conjugaison pour la plupart des mots.

Focus La voyelle mobile dans les noms féminins

Choisissez la forme correcte du génitif pluriel pour les mots suivants.

Corrigé page 199

1. ручка
   - **A** ручек
   - **B** ручк

2. окно
   - **A** окн
   - **B** окон

3. белка
   - **A** белок
   - **B** белк

4. полотенце
   - **A** полотенец
   - **B** полотенцев

5. ложка
   - **A** ложок
   - **B** ложек

6. сестра
   - **A** сестр
   - **B** сестёр

7. лампа
   - **A** ламп
   - **B** ламоп

8. бутылка
   - **A** бутылок
   - **B** бутылк

9. кресло
   - **A** креслов
   - **B** кресел

> **Astuce** La voyelle mobile peut apparaître également dans la terminaison du génitif pluriel des féminins et des neutres pour faciliter la prononciation d'un groupe de consonnes.

Module 20
ОСНОВЫ

Focus — La déclinaison des pronoms personnels

Ouvrez les parenthèses en choisissant la forme correcte.

1. иду без (он), *je vais sans lui*
   - **A** него
   - **B** его

2. говорю о (она), *je parle d'elle*
   - **A** ей
   - **B** ней

3. знаю (они), *je les connais*
   - **A** их
   - **B** них

4. вижу (она), *je la vois*
   - **A** неё
   - **B** её

5. она там с (он), *elle est là-bas avec lui*
   - **A** им
   - **B** ним

Focus — La déclinaison des possessifs

Choisissez le possessif qui convient.

Corrigé page 199

1. Я вижу _____ машину. *Je vois ma voiture.*
   - **A** свою
   - **B** мою
   - **C** моя

2. Она знает сестру Коли: она знает _____ сестру. *Elle connaît la sœur de Kolia : elle connaît sa sœur (à lui).*
   - **A** её
   - **B** свою
   - **C** его

3. Это _____ брат? *Est-ce ton frère?*
   - **A** его
   - **B** твой
   - **C** свой

4. Я позвоню _____ подруге. *Je téléphonerai à sa copine (à elle).*
   - **A** её
   - **B** своей
   - **C** его

Astuce Lorsque le sujet de la phrase est le possesseur de l'objet vers lequel l'action est dirigée, on utilise la forme du possessif **свой, своя, своё, свои** pour toutes les personnes.

Module 20
ОСНОВЫ

Focus Les préverbes

Choisissez la traduction correcte.

Corrigé page 199

1. arriver (à pied)
   - **A** прийти
   - **B** уйти
   - **C** отойти

2. partir (en moyen de locomotion)
   - **A** унести
   - **B** уйти
   - **C** уехать

3. Passer à côté (en nageant)
   - **A** уплыть
   - **B** проплыть
   - **C** поплыть

4. entrer (à pied)
   - **A** войти
   - **B** выйти
   - **C** сойти

5. sortir (à pied)
   - **A** зайти
   - **B** войти
   - **C** выйти

6. partir (en courant)
   - **A** убежать
   - **B** вбежать
   - **C** забежать

7. sortir (en volant)
   - **A** выбежать
   - **B** вылететь
   - **C** выехать

8. traverser (en courant)
   - **A** перебежать
   - **B** перелететь
   - **C** перейти

Astuce Les préverbes forment de nouveaux verbes sur la base des verbes de déplacement. Les préverbes s'ajoutent aux verbes déterminés et forment ainsi des verbes perfectifs avec un sens nouveau, précisant l'action effectuée.

Module 20
ОСНОВЫ

Focus Les préverbes 8

Donnez la traduction correcte.

1. выехать
   - **A** sortir
   - **B** revenir

2. уехать
   - **A** partir
   - **B** arriver

3. подъехать
   - **A** traverser
   - **B** s'approcher

4. приехать
   - **A** quitter
   - **B** arriver

5. переехать
   - **A** venir
   - **B** traverser

Focus Les préverbes

Complétez la phrase.

Corrigé page 199

1. _____ со мной на мотоцикле?
   - **A** пойдёшь
   - **B** поедешь

2. Мы _____ гулять в сад.
   - **A** идём
   - **B** летим

3. Летом мы _____ на юг.
   - **A** ходим
   - **B** летаем

4. – На чём она _____ ? – На коне.
   - **A** едет
   - **B** идёт

5. Завтра они _____ марафон.
   - **A** бегут
   - **B** летят

6. Он умеет _____ на велосиепеде?
   - **A** плавать
   - **B** ездить

Module 20
СЛОВАРЬ

Verbes

унести	*emporter (à pied)*
уехать	*partir (en moyen de locomotion)*
уплыть	*partir (en nageant)*
проплыть	*passer à côté (en nageant)*
поплыть	*nager, partir (en nageant)*
сойти	*descendre (à pied)*
убежать	*partir (en courant)*
вбежать	*entrer (en courant)*
забежать	*entrer (en courant)*
выбежать	*sortir (en courant)*
вылететь	*sortir (en volant)*
выехать	*sortir, partir (en moyen de locomotion)*
перебежать	*traverser (en courant)*
перелететь	*traverser (en volant)*
подъехать	*s'approcher (en moyen de locomotion)*
приехать	*arriver (en moyen de locomotion)*
переехать	*traverser (en moyen de locomotion)*

Noms

писатель (m), писательница (f)	*écrivain*
директор (m, f)	*directeur, -trice*
фотограф (m, f)	*photographe*
менеджер (m, f)	*manager*
артист (m), артистка (f)	*artiste*
певец (m), певица (f)	*chanteur, -se*
переводчик (m), переводчица (f)	*traducteur, -trice*
ребёнок (m)	*enfant*
сон (m)	*rêve*
лёд (m)	*glace*
юг (m)	*sud*
марафон (m)	*marathon*

Adverbes

завтра	*demain*

Module 20
ОТВЕТЫ

VOTRE SCORE :

Основы

PAGE 191 - Les professions
1 **A** 2 **B** 3 **B** 4 **A** 5 **B** 6 **A** 7 **B** 8 **A** 9 **B** 10 **B** 11 **A**

PAGE 192 - La déclinaison particulière
1 **B** 2 **B** 3 **A** 4 **B** 5 **A** 6 **A** 7 **B** 8 **A** 9 **A** 10 **B**

PAGES 193-194 - La voyelle mobile dans les noms masculins
1 **A** 2 **B** 3 **B** 4 **B** 5 **A** 6 **A** 7 **B** 8 **B** 9 **A** 10 **A** 11 **B** 12 **A**

PAGE 194 - La voyelle mobile dans les noms féminins
1 **A** 2 **B** 3 **B** 4 **A** 5 **B** 6 **B** 7 **A** 8 **A** 9 **B**

PAGE 195 - La déclinaison des pronoms personnels
1 **A** 2 **B** 3 **A** 4 **B** 5 **B**

PAGE 195 - La déclinaison des possessifs
1 **A** 2 **C** 3 **B** 4 **A**

PAGES 196-197 - Les préverbes
1 **A** 2 **C** 3 **B** 4 **A** 5 **C** 6 **A** 7 **B** 8 **A**
1 **A** 2 **A** 3 **B** 4 **B** 5 **B**
1 **B** 2 **A** 3 **B** 4 **A** 5 **A** 6 **B**

Vous avez obtenu entre 0 et 11 ? Reprenez chaque question en regardant les endroits où vous avez fait des erreurs.

Vous avez obtenu entre 12 et 27 ? C'est très moyen, mais ne vous découragez pas.

Vous avez obtenu entre 28 et 43 ? Analysez vos erreurs et révisez les notions, vous êtes sur la bonne voie !

Vous avez obtenu entre 44 et 59 ? Félicitations !

Vous avez obtenu 60 et plus ? Восхитительно! Браво!

Module 21
ОСНОВЫ

Focus — Avec ou sans mouvement

Complétez la phrase.

1. Они стоят _____.
   - **A** справа
   - **B** направо

2. Вам нужно повернуть _____.
   - **A** налево
   - **B** слева

3. Где ты? – В _____.
   - **A** центр
   - **B** центре

4. Церковь находится за _____.
   - **A** школой
   - **B** школу

5. Куда вы идёте? – Мы в _____.
   - **A** музее
   - **B** музей

6. Журнал лежит на _____.
   - **A** стол
   - **B** столе

Focus — L'accord des nombres et des noms

Accordez le nom avec le nombre.

1. три _____ *trois bocaux*
   - **A** банки
   - **B** банок

2. пять _____ *cinq clés*
   - **A** ключа
   - **B** ключей

3. две _____ *deux problèmes*
   - **A** проблемы
   - **B** проблем

4. четыре _____ *quatre douches*
   - **A** душей
   - **B** душа

Module 21
ОСНОВЫ

5. семь _____ *sept chambres*

   A комнаты   **B** комнат

6. десять _____ *dix adresses*

   A адресов   **B** адреса

7. двадцать _____ *vingt colis*

   A посылок   **B** посылки

8. одна _____ *un livre*

   A книги   **B** книга

9. ноль _____ *zéro émotion*

   A эмоция   **B** эмоций

10. пятнадцать _____ *quinze verres*

    A бокалов   **B** бокала

> **Astuce** Après 1 et tous les chiffres se terminant par 1 (sauf 11), on met le nominatif singulier ; après 2, 3, 4 et tous les chiffres qui se terminent par 2, 3, 4 on met le génitif singulier. Après 0, 11 et tous les chiffres entre 5 et 20, ainsi que toutes les dizaines et les nombres se terminant par le chiffre compris entre 5 et 9, on utilise le génitif pluriel.

Focus L'accord des nombres et des noms

Choisissez la forme correcte.

Corrigé page 209

1. 10 _____ *10 œufs*

   A яйцо   **B** яиц   **C** яйца

2. 6 _____ *6 chattes*

   A кошек   **B** кошка   **C** кошки

3. 2 _____ *2 phares*

   A фары   **B** фара   **C** фар

Module 21
ОСНОВЫ

4. 8 _____ *8 vaches*
   - **A** корова
   - **B** коровы
   - **C** коров

5. 22 _____ *22 serviettes*
   - **A** салфеток
   - **B** салфетки
   - **C** салфетка

6. 11 _____ *11 pneus*
   - **A** шина
   - **B** шин
   - **C** шины

7. 30 _____ *30 maisons*
   - **A** домов
   - **B** дом
   - **C** дома

8. 41 _____ *41 distributeurs*
   - **A** банкомата
   - **B** банкоматов
   - **C** банкомат

9. 9 _____ *9 crayons*
   - **A** карандашов
   - **B** карандашей
   - **C** карандаша

10. 3 _____ *3 coqs*
    - **A** петух
    - **B** петуха
    - **C** петухов

Focus L'accord des nombres et des noms

Corrigé page 209

Accordez le nom.

1. *2 livres*
   - **A** два книги
   - **B** два книгы
   - **C** две книги

2. *1 souris*
   - **A** один мышь
   - **B** одна мышь
   - **C** одна мыши

3. *13 divans*
   - **A** тринадцать диваны
   - **B** тринадцать диван
   - **C** тринадцать диванов

4. *2 chevaux*
   - **A** две лошади
   - **B** два лошади
   - **C** два лошадя

Module 21
ОСНОВЫ

5. *5 loups*
   - **A** пять волки
   - **B** пять волков
   - **C** пять волка

6. *31 serviettes*
   - **A** тридцать одна салфетка
   - **B** тридцать один салфетка
   - **C** тридцать одно салфетка

7. *12 heures*
   - **A** двенадцать часов
   - **B** двенадцать часа
   - **C** двенадцать часы

8. *3 fils*
   - **A** три сыновей
   - **B** три сынов
   - **C** три сына

9. *22 tasses*
   - **A** двадцать две кружка
   - **B** двадцать две кружки
   - **C** двадцать две кружек

10. *4 cafés*
    - **A** четыре кофе
    - **B** четыре кофя
    - **C** четыре кофи

Astuce Le cardinal 1 s'accorde en genre et nombre, 2 s'accorde en genre.

Focus L'accord des nombres et des noms

Choisissez le cas correct.

Corrigé page 209

1. три вилки
   - **A** *génitif pluriel*
   - **B** *génitif singulier*

2. пять ножей
   - **A** *génitif singulier*
   - **B** *génitif pluriel*

3. две тарелки
   - **A** *génitif singulier*
   - **B** *génitif pluriel*

4. двадцать один ученик
   - **A** *nominatif singulier*
   - **B** *génitif singulier*

Module 21
ОСНОВЫ

5. сто друзей
   - **A** *génitif singulier*
   - **B** *génitif pluriel*

6. три этапа
   - **A** *génitif singulier*
   - **B** *génitif pluriel*

7. четырнадцать окон
   - **A** *génitif pluriel*
   - **B** *génitif singulier*

8. восемнадцать женщин
   - **A** *génitif singulier*
   - **B** *génitif pluriel*

Focus La déclinaison

Mettez le nom au cas indiqué.

Corrigé page 209

1. роза → _____ *locatif singulier*
   - **A** розе
   - **B** рози

2. роза → _____ *génitif singulier*
   - **A** рози
   - **B** розы

3. роза → _____ *datif singulier*
   - **A** розу
   - **B** розе

4. роза → _____ *accusatif pluriel*
   - **A** розу
   - **B** розы

5. роза → _____ *nominatif pluriel*
   - **A** розы
   - **B** рози

6. роза → _____ *instrumental singulier*
   - **A** розой
   - **B** розей

7. роза → _____ *datif pluriel*
   - **A** розам
   - **B** розами

Module 21
ОСНОВЫ

8. роза → _____ *génitif pluriel*

   A роз
   B розы

9. роза → _____ *locatif pluriel*

   A розах
   B розам

Focus La déclinaison

Choisissez la forme correcte au cas indiqué.

Corrigé page 209

1. книга → _____ *nominatif pluriel*

   A книгы
   B книги

2. книга → _____ *datif singulier*

   A книги
   B книге

3. книга → _____ *l'instrumental singulier*

   A книгой
   B книгей

4. книга → _____ *locatif pluriel*

   A книге
   B книгах

5. книга → _____ *datif pluriel*

   A книгам
   B книгами

6. книга → _____ *instrumental pluriel*

   A книгами
   B книгам

7. книга → _____ *génitif pluriel*

   A книгов
   B книг

8. книга → _____ *génitif singulier*

   A книги
   B книгы

9. книга → _____ *accusatif pluriel*

   A книг
   B книги

Module 21
ОСНОВЫ

Focus La conjugaison

*Mettez le verbe **давать** à la forme qui convient.*

Corrigé page 209

1. я _____
   - **A** даваю
   - **B** дам
   - **C** даю

2. она _____
   - **A** даёт
   - **B** дает
   - **C** даст

3. вы _____
   - **A** даваете
   - **B** дадите
   - **C** даёте

4. мы _____
   - **A** дадим
   - **B** даём
   - **C** даваем

5. они _____
   - **A** давают
   - **B** дают
   - **C** дадут

6. ты _____
   - **A** даёшь
   - **B** даваешь
   - **C** дашь

7. он _____
   - **A** даст
   - **B** дает
   - **C** даёт

Astuce Lors de la conjugaison au présent, **ва** disparaît.

Focus La conjugaison

*Choisissez la forme correcte du verbe **дать**.*

1. она _____
   - **A** даст
   - **B** дадит

2. они _____
   - **A** дастут
   - **B** дадут

3. я _____
   - **A** дам
   - **B** даду

Module 21
ОСНОВЫ

4. вы _____
   - **A** дадите
   - **B** дадете

5. ты _____
   - **A** дадешь
   - **B** дашь

6. мы _____
   - **A** дадим
   - **B** даим

7. оно _____
   - **A** даст
   - **B** даит

Astuce La conjugaison de ce verbe est irrégulière ; il appartient à la 1ʳᵉ conjugaison à certaines formes et à la 2ᵉ à d'autres.

Focus La conjugaison

Complétez la phrase en accordant le verbe qui convient.

Corrigé page 209

1. Он (дать/давать) мне книгу. *Il me donnera un livre.*
   - **A** даст
   - **B** даёт

2. Вы всегда всем (дать/давать) советы.
   Vous donnez toujours des conseils à tout le monde.
   - **A** дадите
   - **B** даёте

3. Они (дать/давать) нам денег. *Ils nous donneront de l'argent.*
   - **A** дают
   - **B** дадут

4. Ты (дать/давать) ему свой номер? *Lui donneras-tu ton numéro ?*
   - **A** дашь
   - **B** даёшь

5. Мы (дать/давать) им уроки русского.
   Nous leur donnons des cours de russe.
   - **A** дадим
   - **B** даём

6. Я не (дать/давать) тебе ни одного шанса!
   Je ne te donnerai aucune chance !
   - **A** дам
   - **B** даю

Module 21
СЛОВАРЬ

Verbes

повернуть	tourner		
давать	donner		
я даю	je donne	мы даём	nous donnons
ты даёшь	tu donnes	вы даёте	vous donnez
он/она/оно даёт	il/elle/il donne	они дают	ils/elles donnent
дать	donner		
я дам	je donnerai	мы дадим	nous donnerons
ты дашь	tu donneras	вы дадите	vous donnerez
он/она/оно даст	il/elle/il donnera	они дадут	ils/elles donneront

Noms

церковь (f)	église
банка (f)	bocal
посылка (f)	colis
эмоция (f)	émotion
фара (f)	phare
салфетка (f)	serviette
шина (f)	pneu
банкомат (m)	distributeur (de billets)
петух (m)	coq
вилка (f)	fourchette
тарелка (f)	assiette
совет (m)	conseil
номер (m)	numéro
шанс (m)	chance

Adjectifs et adverbes

справа	à droite (sans mouvement)
направо	à droite (avec mouvement)
нужно	il faut
налево	à gauche (avec mouvement)
слева	à gauche (sans mouvement)
всегда	toujours

Module 21
ОТВЕТЫ

Основы

PAGE 200 - Avec ou sans mouvement
1 **A** 2 **A** 3 **B** 4 **A** 5 **B** 6 **B**

VOTRE SCORE :

PAGES 200-204 - L'accord des nombres et des noms
1 **A** 2 **B** 3 **A** 4 **B** 5 **B** 6 **A** 7 **B** 8 **B** 9 **B** 10 **A**
1 **B** 2 **A** 3 **A** 4 **C** 5 **B** 6 **B** 7 **A** 8 **C** 9 **B** 10 **B**
1 **C** 2 **B** 3 **C** 4 **A** 5 **B** 6 **A** 7 **A** 8 **C** 9 **B** 10 **A**
1 **B** 2 **B** 3 **A** 4 **A** 5 **B** 6 **A** 7 **A** 8 **B**

PAGES 204-205 - La déclinaison
1 **A** 2 **B** 3 **B** 4 **B** 5 **A** 6 **A** 7 **A** 8 **A** 9 **A**
1 **B** 2 **B** 3 **A** 4 **B** 5 **A** 6 **A** 7 **B** 8 **A** 9 **B**

PAGES 206-207 - La conjugaison
1 **C** 2 **A** 3 **C** 4 **B** 5 **B** 6 **A** 7 **C**
1 **A** 2 **B** 3 **A** 4 **A** 5 **B** 6 **A** 7 **A**
1 **A** 2 **B** 3 **B** 4 **A** 5 **B** 6 **A**

Vous avez obtenu entre 0 et 17 ? Reprenez chaque question en regardant les endroits où vous avez fait des erreurs.

Vous avez obtenu entre 18 et 35 ? C'est très moyen, mais ne vous découragez pas.

Vous avez obtenu entre 36 et 53 ? Analysez vos erreurs et révisez les notions, vous êtes sur la bonne voie !

Vous avez obtenu entre 54 et 71 ? Félicitations !

Vous avez obtenu 72 et plus ? Восхитительно! Браво!

Module 22
ОСНОВЫ

Focus Les adjectifs de couleur

Accordez l'adjectif avec le nom.

Corrigé page 219

1. на _____ заборе, *sur la barrière grise*
   - **A** серой
   - **B** сером

2. Небо с _____ облаками. *Le ciel avec des nuages blancs.*
   - **A** белыми
   - **B** белым

3. Плыть по _____ морю. *Nager dans la mer bleue.*
   - **A** синей
   - **B** синему

4. с жёлтым _____ цыплёнком, *avec le poussin jaune*
   - **A** жёлтой
   - **B** жёлтым

5. У нас нет _____ карандашей. *Nous n'avons pas de crayons orange.*
   - **A** оранжевых
   - **B** оранжевым

6. за _____ тучей, *derrière le nuage noir*
   - **A** чёрным
   - **B** чёрной

7. без _____ платья, *sans la robe violette*
   - **A** фиолетового
   - **B** фиолетовего

8. Я вижу _____ листья. *Je vois les feuilles vertes.*
   - **A** зелёные
   - **B** зелёных

9. _____ глаза кота, *les yeux bleu-clair du chat*
   - **A** голубых
   - **B** голубые

10. в _____ ящиках, *dans les tiroirs marron*
    - **A** коричневых
    - **B** коричневом

Module 22
ОСНОВЫ

Focus Le démonstratif

Choisissez le nom qui s'accorde avec le démonstratif (plusieurs variantes possibles).

1. этот
   - **A** ручка
   - **B** цыплёнок
   - **C** лицо

2. эта
   - **A** часть
   - **B** полотенца
   - **C** плащ

3. эти
   - **A** дети
   - **B** девочки
   - **C** окна

4. это
   - **A** словарь
   - **B** такси
   - **C** рыба

5. эта
   - **A** бровь
   - **B** путь
   - **C** пижама

6. этот
   - **A** боль
   - **B** картофель
   - **C** жизнь

7. эта
   - **A** земля
   - **B** знамя
   - **C** музей

8. это
   - **A** пальто
   - **B** озеро
   - **C** имя

Focus La déclinaison du démonstratif

Choisissez le démonstratif qui convient.

Corrigé page 219

1. _____ девочке, *datif singulier*
   - **A** этой
   - **B** этому
   - **C** этим

2. _____ моря, *génitif singulier*
   - **A** это
   - **B** этого
   - **C** эта

Module 22
ОСНОВЫ

3. на _____ коне, *locatif singulier*
   - **A** этого
   - **B** этой
   - **C** этом

4. без _____ новости, *génitif singulier*
   - **A** этой
   - **B** этого
   - **C** этим

5. _____ лекарством, *instrumental singulier*
   - **A** этим
   - **B** этой
   - **C** этом

6. _____ газету, *accusatif singulier*
   - **A** этой
   - **B** эту
   - **C** этот

7. на _____ машине, *locatif singulier*
   - **A** этом
   - **B** эту
   - **C** этой

8. по _____ адресу, *datif singulier*
   - **A** этого
   - **B** этому
   - **C** этим

Focus La déclinaison du démonstratif

Corrigé page 219

Accordez le nom avec le démonstratif au bon cas.

1. Дай мне _____ синюю книгу! *Donne-moi ce livre bleu !*
   - **A** эту
   - **B** этого

2. У вас нет _____ урока. *Vous n'avez pas ce cours.*
   - **A** этой
   - **B** этого

3. Они пишут _____ карандашом. *Ils écrivent avec ce crayon.*
   - **A** этот
   - **B** этим

4. Ты смотрел _____ фильм? *As-tu vu ce film ?*
   - **A** этот
   - **B** этого

5. Поехали на _____ автобусе! *Allons-y avec cet autobus !*
   - **A** этой
   - **B** этом

Module 22
ОСНОВЫ

6. Они говорят об _____ газете. *Ils parlent de ce journal.*
   - **A** этом
   - **B** этой

7. Я всегда хожу _____ дорогой. *Je passe toujours par ce chemin.*
   - **A** этой
   - **B** этим

8. Дети ходят в _____ школу. *Les enfants vont dans cette école.*
   - **A** эту
   - **B** этот

Focus La déclinaison du démonstratif

Choisissez la forme correcte.

Corrigé page 219

1. Ты знаешь _____ людей? *Connais-tu ces gens ?*
   - **A** эти
   - **B** этих

2. Я позвоню _____ ученикам. *Je téléphonerai à ces élèves.*
   - **A** этому
   - **B** этим

3. вместе с _____ друзьями, *ensemble avec ces amis*
   - **A** этими
   - **B** этих

4. _____ женщины работают с ним. *Ces femmes travaillent avec lui.*
   - **A** Эти
   - **B** Этих

5. У _____ родителей всё хорошо. *Ces parents vont bien.*
   - **A** этим
   - **B** этих

6. Куда вы едете на _____ каникулах?
   Où allez-vous pendant ces vacances ?
   - **A** этими
   - **B** этих

Module 22
ОСНОВЫ

Focus La déclinaison

Mettez le nom au cas indiqué.

Corrigé page 219

1. сквер → *datif pluriel*
   - **A** сквером
   - **B** скверам

2. сквер → *locatif singulier*
   - **A** сквере
   - **B** сквера

3. сквер → *génitif singulier*
   - **A** скверы
   - **B** сквера

4. сквер → *instrumental pluriel*
   - **A** скверами
   - **B** скверам

5. сквер → *accusatif singulier*
   - **A** сквер
   - **B** сквера

6. сквер → *locatif pluriel*
   - **A** скверам
   - **B** скверах

7. сквер → *génitif pluriel*
   - **A** скверов
   - **B** сквер

8. сквер → *datif singulier*
   - **A** сквере
   - **B** скверу

9. сквер → *instrumental singulier*
   - **A** сквером
   - **B** сквером

10. сквер → *nominatif pluriel*
    - **A** скверы
    - **B** сквера

11. сквер → *accusatif pluriel*
    - **A** скверы
    - **B** скверов

Module 22
ОСНОВЫ

Focus La déclinaison

Choisissez la forme correcte du cas indiqué.

Corrigé page 219

1. плащ → _____ *nominatif pluriel*
   - **A** плащи
   - **B** плащы

2. плащ → _____ *instrumental singulier*
   - **A** плащём
   - **B** плащом

3. плащ → _____ *datif pluriel*
   - **A** плащам
   - **B** плащами

4. плащ → _____ *génitif singulier*
   - **A** плаща
   - **B** плащи

5. плащ → _____ *accusatif pluriel*
   - **A** плащ
   - **B** плащи

6. плащ → _____ *locatif pluriel*
   - **A** плащах
   - **B** плащех

7. плащ → _____ *instrumental pluriel*
   - **A** плащеми
   - **B** плащами

8. плащ → _____ *locatif singulier*
   - **A** плащи
   - **B** плаще

9. плащ → _____ *datif singulier*
   - **A** плащу
   - **B** плащю

10. плащ → _____ *accusatif singulier*
    - **A** плащи
    - **B** плащ

11. плащ → _____ *génitif pluriel*
    - **A** плащов
    - **B** плащей

Module 22
ОСНОВЫ

Focus La conjugaison

Accordez le verbe весить avec le pronom.

Corrigé page 219

1. ты
   - **A** весешь
   - **B** весишь

2. она
   - **A** весит
   - **B** вешит

3. я
   - **A** весю
   - **B** вешу

4. вы
   - **A** висите
   - **B** весите

5. мы
   - **A** весим
   - **B** висим

6. они
   - **A** весят
   - **B** вешат

7. оно
   - **A** весет
   - **B** весит

Focus La conjugaison

Choisissez la forme verbale correcte.

1. я
   - **A** взвешу
   - **B** взвесю

2. он
   - **A** взвесит
   - **B** взвешит

3. вы
   - **A** взвесете
   - **B** взвесите

Module 22
ОСНОВЫ

4. они
   - **A** взвесят
   - **B** взвесют

5. мы
   - **A** взвесем
   - **B** взвесим

6. ты
   - **A** взвесишь
   - **B** взвесешь

7. она
   - **A** взвесит
   - **B** взвесет

Astuce Les verbes **весить** et **взвесить**, *peser*, ont la même conjugaison avec le changement de la consonne (**с** en **ш**) à la 1re personne du singulier. Attention, le sens de **весить** est de *peser un certain poids* tandis que **взвесить** exprime l'action de peser.

Focus La conjugaison

Choisissez le verbe qui convient.

Corrigé page 219

1. Сколько ты _____ ?
   - **A** весишь
   - **B** висишь

2. Она _____ 40 килограммов.
   - **A** весит
   - **B** взвесит

3. Сначала мы _____ все за и против.
   - **A** весим
   - **B** взвесим

4. Они _____ больше нас.
   - **A** взвесют
   - **B** весят

5. Я _____ посылку.
   - **A** взвешу
   - **B** вешу

6. Эта энциклопедия _____ 2 килограмма.
   - **A** взвесит
   - **B** весит

Module 22
СЛОВАРЬ

Verbes

весить	peser		
взвесить	peser		
я вешу	je pèse	мы весим	nous pesons
ты весишь	tu pèses	вы весите	vous pesez
он/она/оно весит	il/elle/il pèse	они весят	ils/elles pèsent

Noms

забор (m)	barrière, clôture
облако (n)	nuage
туча (f)	nuage (gros nuage de pluie)
лист (m)	feuille
ящик (m)	tiroir
сквер (m)	square
картофель (m)	pomme de terre
посылка (f)	colis
энциклопедия (f)	encyclopédie

Adjectifs, adverbes et expressions

синий	bleu
жёлтый	jaune
чёрный	noir
фиолетовый	violet
голубой	bleu clair
коричневый	marron
неудобно	pas commode, pas pratique
сначала	d'abord
за	pour
против	contre
больше	plus
взвесить все за и против	peser tous les pours et contres

Module 22
ОТВЕТЫ

Основы

PAGE 210 - Les adjectifs de couleur
1 B 2 A 3 B 4 B 5 A 6 B 7 A 8 A 9 B 10 A

PAGE 211 - Le démonstratif
1 B 2 A 3 A/B/C 4 B 5 A/C 6 B 7 A 8 A/B/C

PAGES 211-213 - La déclinaison du démonstratif
1 A 2 B 3 C 4 A 5 A 6 B 7 C 8 B
1 A 2 B 3 B 4 A 5 B 6 B 7 A 8 A
1 B 2 B 3 A 4 A 5 B 6 B

PAGES 214-215 - La déclinaison
1 B 2 A 3 B 4 B 5 A 6 B 7 A 8 B 9 A 10 A 11 A
1 A 2 B 3 A 4 A 5 B 6 A 7 B 8 B 9 A 10 B 11 B

PAGES 216-217 - La conjugaison
1 B 2 A 3 B 4 B 5 A 6 B 7 B
1 A 2 A 3 B 4 B 5 B 6 A 7 A
1 A 2 A 3 B 4 B 5 A 6 B

VOTRE SCORE :

Vous avez obtenu entre 0 et 17 ? Reprenez chaque question en regardant les endroits où vous avez fait des erreurs.

Vous avez obtenu entre 18 et 35 ? C'est très moyen, mais ne vous découragez pas.

Vous avez obtenu entre 36 et 53 ? Analysez vos erreurs et révisez les notions, vous êtes sur la bonne voie !

Vous avez obtenu entre 54 et 71 ? Félicitations !

Vous avez obtenu 72 et plus ? Восхитительно! Браво!

Module 23
ОСНОВЫ

Focus Les expressions

Ajoutez le mot correct pour rétablir l'expression.

Corrigé page 229

1. _____ дождь. *Il pleut.*
   - **A** Идёт
   - **B** Едет

2. Время _____. *Le temps file.*
   - **A** бежит
   - **B** плывёт

3. Мои часы _____ верно. *Ma montre est à l'heure.*
   - **A** стоят
   - **B** идут

4. _____ снег. *Il neige.*
   - **A** Идёт
   - **B** Сидит

5. Скоро придёт зима. *Bientôt arrivera l'hiver.*
   - **A** приедет
   - **B** придёт

Astuce Le russe utilise le verbe *aller* **идти** et **прийти** dans plusieurs expressions.

Focus L'accord de l'interrogatif

Accordez l'interrogatif avec le nom.

1. роль
   - **A** какой
   - **B** какая
   - **C** какие

2. комар
   - **A** какое
   - **B** какая
   - **C** какой

3. река
   - **A** какая
   - **B** какой
   - **C** какое

4. спектакль
   - **A** какие
   - **B** какая
   - **C** какой

Module 23
ОСНОВЫ

5. деревня
   - **A** какой
   - **B** какая
   - **C** какое

6. деньги
   - **A** какие
   - **B** какое
   - **C** какой

7. критерий
   - **A** какой
   - **B** какая
   - **C** какое

8. помощь
   - **A** какое
   - **B** какой
   - **C** какая

9. ножницы
   - **A** какой
   - **B** какие
   - **C** какая

Focus L'accord de l'interrogatif

Accordez la question.

Corrigé page 229

1. _____ брюки? *Quel pantalon ?*
   - **A** Какой
   - **B** Какая
   - **C** Какие

2. _____ у неё давление? *Quelle est sa tension ?*
   - **A** Какая
   - **B** Какое
   - **C** Какой

3. _____ боль? *Quelle douleur ?*
   - **A** Какой
   - **B** Какие
   - **C** Какая

4. _____ средство? *Quel remède ?*
   - **A** Какое
   - **B** Какая
   - **C** Какой

5. _____ ножницы? *Quels ciseaux ?*
   - **A** Какой
   - **B** Какие
   - **C** Какая

6. _____ мясо? *Quelle viande ?*
   - **A** Какая
   - **B** Какой
   - **C** Какое

Module 23
ОСНОВЫ

7. _____ тетрадь? *Quel cahier ?*
   - **A** Какая
   - **B** Какое
   - **C** Какой

8. _____ цвет? *Quelle couleur ?*
   - **A** Какое
   - **B** Какой
   - **C** Какая

9. _____ пальто? *Quel manteau ?*
   - **A** Какой
   - **B** Какая
   - **C** Какое

10. _____ кофе? *Quel café ?*
    - **A** Какой
    - **B** Какое
    - **C** Какая

Focus L'accord de l'interrogatif

Trouvez la réponse à la question.

Corrigé page 229

1. Какой день? – _____
   - **A** Новая
   - **B** Спокойный

2. Какая актриса? – _____
   - **A** Известная
   - **B** Красивый

3. Какие новости? – _____
   - **A** Хорошые
   - **B** Хорошие

4. Какая встреча? – _____
   - **A** Личная
   - **B** Личное

5. Какой сок? – _____
   - **A** Яблочная
   - **B** Апельсиновый

6. Какая конференция? _____
   - **A** Всемирное
   - **B** Всемирная

7. Какие родственники? – _____
   - **A** Дальние
   - **B** Свежие

Module 23
ОСНОВЫ

8. Какой музей? – _____

   A Лёгкое   **B** Пустой

Focus La déclinaison de l'interrogatif

Accordez l'adjectif au cas qui convient.

Corrigé page 229

1. О _____ книге ты говоришь? *De quel livre parles-tu ?*
   A какой   **B** каким

2. В _____ городе она живёт? *Dans quelle ville habite-t-elle?*
   A какой   **B** каком

3. _____ цветом они рисуют? *Avec quelle couleur peignent-ils ?*
   A Каким   **B** Каков

4. С _____ людьми он дружит? *Avec quelles personnes est-il ami ?*
   A каких   **B** какими

5. У _____ врача ты была? *Chez quel médecin es-tu allée ?*
   A какого   **B** какому

6. _____ гостей вы встречаете? *Quels invités rencontrez-vous ?*
   A Каких   **B** Какие

7. В _____ музеях мы будем сегодня?
   Dans quels musées serons-nous aujourd'hui ?
   A какие   **B** каких

8. _____ другу ты звонишь? *À quel ami téléphones-tu ?*
   A Какому   **B** Каким

9. _____ девушке ты даришь цветы? *À quelle fille offres-tu les fleurs ?*
   A Какому   **B** Какой

10. _____ марки у тебя нет? *Quel timbre n'as-tu pas ?*
    A Какой   **B** Какого

Astuce **Какой** a la déclinaison adjectivale. Il se décline de la même manière que **большой**.

Module 23
ОСНОВЫ

Focus La déclinaison

Mettez le nom au cas indiqué.

1. кресло → *accusatif pluriel*
   - A) кресла
   - B) креслы
2. кресло → *datif singulier*
   - A) креслу
   - B) кресле
3. кресло → *locatif pluriel*
   - A) креслях
   - B) креслах
4. кресло → *accusatif singulier*
   - A) кресла
   - B) кресло
5. кресло → *génitif singulier*
   - A) кресла
   - B) кресела
6. кресло → *instrumental pluriel*
   - A) креслами
   - B) креселами
7. кресло → *nominatif pluriel*
   - A) кресла
   - B) креслы
8. кресло → *instrumental singulier*
   - A) креслом
   - B) креслем
9. кресло → *locatif singulier*
   - A) кресли
   - B) кресле
10. кресло → *génitif pluriel*
    - A) кресел
    - B) креслов
11. кресло → *datif pluriel*
    - A) креслем
    - B) креслам

Module 23
ОСНОВЫ

Focus La déclinaison

Choisissez la forme correcte du cas indiqué.

Corrigé page 229

1. море → _____ *nominatif pluriel*
   - **A** мори
   - **B** моря

2. море → _____ *génitif singulier*
   - **A** моря
   - **B** мори

3. море → _____ *datif pluriel*
   - **A** морем
   - **B** морям

4. море → _____ *locatif singulier*
   - **A** море
   - **B** мору

5. море → _____ *accusatif pluriel*
   - **A** моря
   - **B** морей

6. море → _____ *instrumental singulier*
   - **A** морим
   - **B** морем

7. море → _____ *génitif pluriel*
   - **A** морей
   - **B** морев

8. море → _____ *datif singulier*
   - **A** море
   - **B** морю

9. море → _____ *locatif pluriel*
   - **A** морям
   - **B** морях

10. море → _____ *accusatif singulier*
    - **A** море
    - **B** моря

11. море → _____ *instrumental pluriel*
    - **A** морям
    - **B** морями

Module 23
ОСНОВЫ

Focus La conjugaison

Accordez le verbe avec le pronom.

Corrigé page 229

1. я
   - **A** болею
   - **B** болию

2. мы
   - **A** болеим
   - **B** болеем

3. она
   - **A** болеит
   - **B** болеет

4. они
   - **A** болеют
   - **B** болеят

5. ты
   - **A** болеишь
   - **B** болеешь

6. оно
   - **A** болеет
   - **B** болеит

7. вы
   - **A** болеете
   - **B** болете

Focus La conjugaison

Choisissez le(s) nom(s) (ou pronom) qui s'accorde(nt) avec le verbe.

1. болит
   - **A** рука
   - **B** сердце

2. болят
   - **A** ноги
   - **B** зуб

3. болеет
   - **A** нос
   - **B** брат

Module 23
ОСНОВЫ

4. болит
   - **A** мама
   - **B** живот

5. болеешь
   - **A** ты
   - **B** мы

6. болят
   - **A** ухо
   - **B** глаза

7. болеют
   - **A** родители
   - **B** спина

Astuce Le même infinitif **болеть** donne deux traductions et deux conjugaisons différentes : *faire mal* (avoir mal dans une partie du corps, par exemple), appartenant à la seconde conjugaison, et *être malade*, verbe de la première conjugaison.

Focus La conjugaison

Choisissez le verbe qui convient.

Corrigé page 229

1. Что у тебя _____?
   - **A** болеешь
   - **B** болит

2. Я сильно _____.
   - **A** болит
   - **B** болею

3. Мы _____ гриппом.
   - **A** болеем
   - **B** болим

4. У меня _____ голова.
   - **A** болею
   - **B** болит

5. Чем она _____ ?
   - **A** болит
   - **B** болеет

6. У ребёнка _____ уши.
   - **A** болят
   - **B** болеют

Module 23
СЛОВАРЬ

Verbes

встречать	rencontrer, accueillir
звонить	téléphoner
дарить	offrir
болеть	être malade
болеть	faire mal

Noms

время (n)	temps
часы (pl)	montre
роль (f)	rôle
комар (m)	moustique
спектакль (m)	spectacle
деревня (f)	village, campagne
критерий (m)	critère
давление (n)	tension
средство (n)	remède, moyen
встреча (f)	rencontre
конференция (f)	conférence
гость (m)	invité
цветы (pl)	fleurs
марка (f)	timbre
нос (m)	nez
живот (m)	ventre
спина (f)	dos
грипп (m)	grippe

Adjectifs, adverbes et expressions

верно	exact
скоро	bientôt
новый	nouveau
известный	connu, célèbre
яблочный	de pomme
апельсиновый	d'orange
сильно	fort, très

Module 23
ОТВЕТЫ

Основы

VOTRE SCORE :

PAGE 220 - Les expressions
1 **A** 2 **A** 3 **B** 4 **A** 5 **B**

PAGES 220-223 - L'accord de l'interrogatif
1 **B** 2 **C** 3 **A** 4 **C** 5 **B** 6 **A** 7 **A** 8 **C** 9 **B**
1 **C** 2 **B** 3 **C** 4 **A** 5 **B** 6 **C** 7 **A** 8 **B** 9 **C** 10 **A**
1 **B** 2 **A** 3 **B** 4 **A** 5 **B** 6 **B** 7 **A** 8 **B**

PAGE 223 - La déclinaison de l'interrogatif
1 **A** 2 **B** 3 **A** 4 **B** 5 **A** 6 **A** 7 **B** 8 **A** 9 **B** 10 **A**

PAGES 224-225 - La déclinaison
1 **A** 2 **A** 3 **B** 4 **B** 5 **A** 6 **A** 7 **A** 8 **A** 9 **B** 10 **A** 11 **B**
1 **B** 2 **A** 3 **B** 4 **A** 5 **A** 6 **B** 7 **A** 8 **B** 9 **B** 10 **A** 11 **B**

PAGES 226-227 - La conjugaison
1 **A** 2 **B** 3 **B** 4 **A** 5 **B** 6 **A** 7 **A**
1 **A**/**B** 2 **A** 3 **B** 4 **B** 5 **A** 6 **B** 7 **A**
1 **B** 2 **B** 3 **A** 4 **B** 5 **B** 6 **A**

Vous avez obtenu entre 0 et 16 ? Reprenez chaque question en regardant les endroits où vous avez fait des erreurs.

Vous avez obtenu entre 17 et 35 ? C'est très moyen, mais ne vous découragez pas.

Vous avez obtenu entre 36 et 54 ? Analysez vos erreurs et révisez les notions, vous êtes sur la bonne voie !

Vous avez obtenu entre 55 et 73 ? Félicitations !

Vous avez obtenu 74 et plus ? Восхитительно! Браво!

Module 24
ОСНОВЫ

Focus Le genre des mots

Choisissez le genre du mot.

Corrigé page 240

1. крем, *crème*
   - **A** F
   - **B** M

2. кафе, *café*
   - **A** M
   - **B** N

3. опера, *opéra*
   - **A** F
   - **B** M

4. такси, *taxi*
   - **A** N
   - **B** M

5. минута, *minute*
   - **A** M
   - **B** F

6. кровать, *lit*
   - **A** F
   - **B** M

7. дядя, *oncle*
   - **A** F
   - **B** M

8. жираф, *girafe*
   - **A** M
   - **B** F

9. радио, *radio*
   - **A** F
   - **B** N

10. боль, *douleur*
    - **A** F
    - **B** M

11. интервью, *interview*
    - **A** N
    - **B** F

12. полотенце, *serviette*
    - **A** F
    - **B** N

Module 24
ОСНОВЫ

Focus Les prépositions

Choisissez la préposition correcte.

Corrigé page 240

1. Мы вместе __ ним.
   - **A** с
   - **B** без

2. Я __ ней.
   - **A** после
   - **B** за

3. __ сколько обед?
   - **A** В
   - **B** Во

4. __ дождя.
   - **A** После
   - **B** Под

5. __ нас.
   - **A** Без
   - **B** Над

6. __ тебя.
   - **A** Для
   - **B** С

7. Плывут __ реке.
   - **A** через
   - **B** по

8. Лежит __ столом.
   - **A** на
   - **B** под

Focus Les prépositions

Chassez l'intrus : déterminez quelle(s) préposition(s) ne convien(ne)t pas.

1. __ человека
   - **A** без
   - **B** о
   - **C** вместо

2. __ стене
   - **A** для
   - **B** на
   - **C** у

3. __ книге
   - **A** в
   - **B** за
   - **C** над

Module 24
ОСНОВЫ

4. __ друзьям
   - **A** с
   - **B** к
   - **C** по

5. __ мост
   - **A** через
   - **B** от
   - **C** на

6. __ нём
   - **A** в
   - **B** о
   - **C** к

7. __ папе
   - **A** за
   - **B** без
   - **C** при

8. __ кроватью
   - **A** за
   - **B** под
   - **C** через

Focus Les prépositions et le cas

Choisissez le cas correct pour chaque préposition.

Corrigé page 240

1. без (марка) → _____
   - **A** марки
   - **B** марку

2. под (окно) → _____
   - **A** окна
   - **B** окном

3. в (живот) → _____
   - **A** животе
   - **B** живота

4. на (спектакль) → _____
   - **A** спектаклем
   - **B** спектакле

5. из (банка) → _____
   - **A** банки
   - **B** банку

6. от (бабушка) → _____
   - **A** бабушки
   - **B** бабушке

Module 24
ОСНОВЫ

7. к (обед) → _____

   A обеда   **B** обеду

8. с (ребёнок) → _____

   A ребёнком   **B** ребёноком

Astuce Chaque préposition est suivie d'un cas particulier. Il faut les apprendre par cœur.

Focus Les prépositions et le cas

Choisissez les mots qui peuvent suivre la préposition.

Corrigé page 240

1. на

   A севере   **B** звезды   **C** небе

2. за

   A кухня   **B** домом   **C** бабочке

3. в

   A здании   **B** трамвае   **C** школе

4. около

   A офиса   **B** машине   **C** дороги

5. по

   A средам   **B** морю   **C** свитера

6. из

   A почта   **B** слов   **C** города

7. рядом с

   A уроке   **B** мостом   **C** дочери

8. для

   A сна   **B** увеличения   **C** судьбы

Module 24
ОСНОВЫ

Focus | La déclinaison

Mettez le nom au cas indiqué.

Corrigé page 240

1. город → *nominatif pluriel*
   - **A** городы
   - **B** города

2. город → *génitif singulier*
   - **A** города
   - **B** городы

3. город → *datif pluriel*
   - **A** городам
   - **B** городем

4. город → *accusatif singulier*
   - **A** города
   - **B** город

5. город → *locatif pluriel*
   - **A** городах
   - **B** городых

6. город → *instrumental pluriel*
   - **A** городами
   - **B** городыми

7. город → *datif singulier*
   - **A** городе
   - **B** городу

8. город → *accusatif pluriel*
   - **A** города
   - **B** городы

9. город → *locatif singulier*
   - **A** городу
   - **B** городе

10. город → *génitif pluriel*
    - **A** город
    - **B** городов

11. город → *instrumental singulier*
    - **A** городам
    - **B** городом

Module 24
ОСНОВЫ

Focus La déclinaison

Mettez le nom au cas indiqué.

Corrigé page 240

1. лес → *génitif pluriel*
   - **A** лесов
   - **B** лесев

2. лес → *datif singulier*
   - **A** лесу
   - **B** лесе

3. лес → *instrumental pluriel*
   - **A** лесах
   - **B** лесами

4. лес → *accusatif singulier*
   - **A** леса
   - **B** лес

5. лес → *datif pluriel*
   - **A** лесом
   - **B** лесам

6. лес → *locatif singulier*
   - **A** лесу
   - **B** лесе

7. лес → *nominatif pluriel*
   - **A** лесы
   - **B** леса

8. лес → *génitif singulier*
   - **A** леса
   - **B** лесы

9. лес → *accusatif pluriel*
   - **A** лес
   - **B** леса

10. лес → *instrumental singulier*
    - **A** лесом
    - **B** лесой

11. лес → *locatif pluriel*
    - **A** лесах
    - **B** лесам

Module 24
ОСНОВЫ

Focus Le lexique

Corrigé page 240

Accordez l'adjectif avec le nom.

1. (Свободный) мест нет. *Il n'y a pas de places libres.*

    A Свободного   **B** Свободных

2. Пожарные тушат (сильный) пожар. *Les pompiers sont en train d'éteindre un violent incendie.*

    A сильный   **B** сильного

3. В (холодный) воздухе пар. *Il y a de la vapeur dans l'air froid.*

    A холодном   **B** холодной

4. С (мягкий) характером. *Avec un caractère doux.*

    A мягким   **B** мягкем

Focus La conjugaison

*Choisissez la forme correcte du verbe **узнавать**.*

1. мы

    A узнаваем   **B** узнаём

2. она

    A узнаёт   **B** узнает

3. ты

    A узнаёшь   **B** узнаваёшь

4. я

    A узнаваю   **B** узнаю

5. он

    A узнаёт   **B** узнавает

6. вы

    A узнаёте   **B** узнаваете

Module 24
ОСНОВЫ

7. они

   A узнают

   B узнаут

> **Astuce** Certains verbes en **авать** ont une conjugaison particulière. Tout comme le verbe **давать**, ils perdent leur suffixe **ва** lors de la conjugaison au présent.

Focus La conjugaison

Choisissez la forme verbale correcte.

Corrigé page 240

1. я (опаздывать) _____

   A опаздываю
   B опаздую
   C опаздеваю
   D опаздюю

2. я (ночевать) _____

   A ночёваю
   B ночеваю
   C ночюю
   D я ночую

3. он (воровать) _____

   A воровует
   B ворует
   C ворожает
   D воровеет

4. мы (советовать) _____

   A советоваем
   B советываем
   C советуем
   D советуём

5. она (взвешивать) _____

   A взвешюет
   B взвешует
   C взвешывает
   D взвешивает

6. они (оценивать) _____

   A оценят
   B оценивают
   C оценют
   D оценуют

Module 24
ОСНОВЫ

7. ты (танцевать) _____
   - **A** танцуешь
   - **B** танцеваешь
   - **C** танцушь
   - **D** танцевуешь

8. я (организовать) _____
   - **A** организовываю
   - **B** организизю
   - **C** организовую
   - **D** организую

Astuce Les verbes en **евать** et **овать** changent le suffixe **ев** et **ов** en **у (ю)** lors de la conjugaison au présent.

Focus La conjugaison

Choisissez la forme correcte du verbe.

Corrigé page 240

1. Они уже долго (беседовать) _____.
   - **A** беседуют
   - **B** беседовают

2. Ты хорошо (рисовать) _____!
   - **A** рисоваешь
   - **B** рисуешь

3. Он (открывать) _____ бутылку.
   - **A** откроет
   - **B** открывает

4. С кем она (танцевать) _____?
   - **A** танцевает
   - **B** танцует

5. Вы (организовывать) _____ праздник?
   - **A** организовываете
   - **B** организуете

6. Мы (давать) _____ им всё.
   - **A** даваем
   - **B** даём

Module 24
СЛОВАРЬ

Verbes

узнавать	*reconnaître*		
опаздывать	*être en retard*		
ночевать	*passer la nuit*		
воровать	*voler*		
советовать	*conseiller*		
взвешивать	*peser*		
оценивать	*estimer*		
танцевать	*danser*		
организовать	*organiser*		
организовывать	*organiser*		
танцевать	*danser*		
я танцую	*je danse*	мы танцуем	*nous dansons*
ты танцуешь	*tu danses*	вы танцуете	*vous dansez*
он/она/оно танцует	*il/elle/il danse*	они танцуют	*ils/elles dansent*

Noms

крем (m)	*crème*
обед (m)	*déjeuner*
север (m)	*nord*
звезда (f)	*étoile*
кухня (f)	*cuisine*
среда (f)	*mercredi*
увеличение (n)	*augmentation*
воздух (m)	*air*
пар (m)	*vapeur*
характер (m)	*caractère*
праздник (m)	*fête*
собрание (n)	*réunion*
утро (n)	*matin*

Module 24
ОТВЕТЫ

Основы

PAGE 230 - Le genre des mots – faux amis
1 **B** 2 **B** 3 **A** 4 **A** 5 **B** 6 **A** 7 **B** 8 **A** 9 **B** 10 **A** 11 **A** 12 **B**

PAGES 231-232 - Les prépositions
1 **A** 2 **B** 3 **B** 4 **A** 5 **A** 6 **A** 7 **B** 8 **B**
1 **B** 2 **A/C** 3 **B/C** 4 **A** 5 **B** 6 **C** 7 **A/B** 8 **C**

PAGES 232-233 - Les prépositions et le cas
1 **A** 2 **B** 3 **A** 4 **B** 5 **A** 6 **A** 7 **B** 8 **A**
1 **A/C** 2 **B** 3 **A/B/C** 4 **A/C** 5 **A/B** 6 **B/C** 7 **B** 8 **A/B/C**

PAGES 234-235 - La déclinaison
1 **B** 2 **A** 3 **A** 4 **B** 5 **A** 6 **A** 7 **B** 8 **A** 9 **B** 10 **B** 11 **B**
1 **A** 2 **A** 3 **B** 4 **B** 5 **B** 6 **A/B** 7 **B** 8 **A** 9 **B** 10 **A** 11 **A**

PAGE 236 - Le lexique
1 **B** 2 **A** 3 **A** 4 **A**

PAGES 236-238 - La conjugaison
1 **B** 2 **A** 3 **A** 4 **B** 5 **A** 6 **A** 7 **A**
1 **A** 2 **D** 3 **B** 4 **C** 5 **D** 6 **B** 7 **A** 8 **D**
1 **A** 2 **B** 3 **B** 4 **B** 5 **A** 6 **B**

VOTRE SCORE :

Vous avez obtenu entre 0 et 17 ? Reprenez chaque question en regardant les endroits où vous avez fait des erreurs.

Vous avez obtenu entre 18 et 38 ? C'est très moyen, mais ne vous découragez pas.

Vous avez obtenu entre 39 et 59 ? Analysez vos erreurs et révisez les notions, vous êtes sur la bonne voie !

Vous avez obtenu entre 60 et 80 ? Félicitations !

Vous avez obtenu 81 et plus ? Восхитительно! Браво!

Module 25
ОСНОВЫ

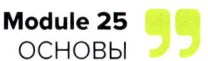

Focus La particule négative et les verbes

Choisissez la forme correcte.

Corrigé page 252

1. не(хотеть), *ne pas vouloir.*
   - **A** нехотеть
   - **B** не хотеть

2. я не(знаю), *je ne sais pas.*
   - **A** я не знаю
   - **B** я незнаю

3. они не(навидят), *ils détestent.*
   - **A** они ненавидят
   - **B** они не навидят

4. мне не(здоровится), *je ne me sens pas bien.*
   - **A** мне не здоровится
   - **B** мне нездоровится

5. он не(любит), *il n'aime pas.*
   - **A** он не любит
   - **B** он нелюбит

6. вы не(годуете), *vous êtes en colère.*
   - **A** вы не годуете
   - **B** вы негодуете

7. ты не(поверишь), *tu ne croiras pas.*
   - **A** ты не поверишь
   - **B** ты неповеришь

8. она не(доумевает), *elle est perplexe.*
   - **A** она недоумевает
   - **B** она не доумевает

9. мы не(забудем), *nous n'oublierons pas.*
   - **A** мы незабудем
   - **B** мы не забудем

Astuce La particule **не** s'écrit séparément des verbes à l'exception de quelques verbes qui n'existent pas sans cette particule.

Module 25
ОСНОВЫ

Focus La déclinaison

Mettez le nom au cas indiqué.

Corrigé page 252

1. мышь → _____ *datif pluriel*
   - **A** мышам
   - **B** мышим

2. мышь → _____ *locatif singulier*
   - **A** мыши
   - **B** мыше

3. мышь → _____ *génitif pluriel*
   - **A** мышев
   - **B** мышей

4. мышь → _____ *instrumental singulier*
   - **A** мышей
   - **B** мышью

5. мышь → _____ *nominatif pluriel*
   - **A** мыши
   - **B** мышы

6. мышь → _____ *accusatif singulier*
   - **A** мыши
   - **B** мышь

7. мышь → _____ *instrumental pluriel*
   - **A** мышами
   - **B** мышьми

8. мышь → _____ *datif singulier*
   - **A** мыши
   - **B** мыше

9. мышь → _____ *accusatif pluriel*
   - **A** мыши
   - **B** мышей

10. мышь → _____ *locatif pluriel*
    - **A** мышьях
    - **B** мышах

11. мышь → _____ *génitif singulier*
    - **A** мыши
    - **B** мышь

Module 25
ОСНОВЫ

Focus La déclinaison

Mettez le nom au cas indiqué.

1. день → _____ *génitif singulier*
   - **A** деня
   - **B** дня

2. день → _____ *datif pluriel*
   - **A** деням
   - **B** дням

3. день → _____ *accusatif singulier*
   - **A** день
   - **B** дня

4. день → _____ *nominatif pluriel*
   - **A** дни
   - **B** дней

5. день → _____ *instrumental pluriel*
   - **A** днами
   - **B** днями

6. день → _____ *datif singulier*
   - **A** дню
   - **B** дну

7. день → _____ *locatif pluriel*
   - **A** денях
   - **B** днях

8. день → _____ *instrumental singulier*
   - **A** денем
   - **B** днём

9. день → _____ *accusatif pluriel*
   - **A** дни
   - **B** дени

10. день → _____ *locatif singulier*
    - **A** день
    - **B** дне

11. день → _____ *génitif pluriel*
    - **A** дней
    - **B** днёв

Corrigé page 252

Module 25
ОСНОВЫ

Focus Le passé

Choisissez la forme correcte du passé accordée au pronom indiqué entre parenthèses.

1. петь (он), *chanter*
   - **A** пел
   - **B** пёл

   Corrigé page 252

2. увидеть (она), *voir*
   - **A** увидело
   - **B** увидела

3. хотеть (они), *vouloir*
   - **A** хотели
   - **B** хотел

4. знать (мы), *savoir*
   - **A** знало
   - **B** знали

5. сказать (вы), *dire*
   - **A** сказали
   - **B** сказал

Astuce Le passé russe est très simple. Il suffit d'ajouter les terminaisons suivantes à la base verbale (sans la terminaison) : **л** pour le masculin, **ла** pour le féminin, **ло** pour le neutre et **ли** pour le pluriel de tous les genres.

Focus Le passé

Accordez le verbe au passé avec le sujet. Parfois plusieurs formes sont possibles.

1. Он (видеть). *Il a vu.*
   - **A** видела
   - **B** видел
   - **C** видело

2. Ты (говорить) с ней. *Tu lui parlais.*
   - **A** говорил
   - **B** говорили
   - **C** говорила

3. Я (спать) весь день. *J'ai dormi toute la journée.*
   - **A** спал
   - **B** спала
   - **C** спали

4. Мы всё (сделать). *Nous avons tout fait.*
   - **A** сделали
   - **B** сделала
   - **C** сделало

Module 25
ОСНОВЫ

Focus Le passé

Accordez le verbe au passé.

Corrigé page 252

1. Машина (приехать) поздно. *La voiture est arrivée tard.*
   - **A** приехала
   - **B** приехал

2. Листья (падать) на асфальт. *Les feuilles tombaient sur l'asphalte.*
   - **A** падало
   - **B** падали

3. Дети (встретиться) в парке. *Les enfants se sont rencontrés au parc.*
   - **A** встретились
   - **B** встретился

4. Окно (быть) открыто. *La fenêtre était ouverte.*
   - **A** было
   - **B** была

5. Такси (подъехать) к дому. *Le taxi est arrivé vers la maison.*
   - **A** подъехал
   - **B** подъехало

Focus Le passé

Choisissez le sujet correct pour le verbe. Parfois plusieurs formes sont possibles.

1. _____ были на юге.
   - **A** мы
   - **B** они
   - **C** ты

2. _____ говорил с ней.
   - **A** я
   - **B** ты
   - **C** он

3. С кем _____ играла?
   - **A** они
   - **B** он
   - **C** она

4. _____ ходила на почту.
   - **A** она
   - **B** вы
   - **C** я

5. _____ начали рано.
   - **A** он
   - **B** мы
   - **C** ты

Module 25
ОСНОВЫ

6. _____ звонили нам.
   - A вы
   - B они
   - C он

7. _____ читала эту книгу.
   - A я
   - B оно
   - C она

8. _____ было всегда здесь.
   - A мы
   - B он
   - C оно

Astuce Les pronoms pouvant signifier une personne du genre différent, peuvent s'accorder au masculin ou féminin.

Focus Le passé irrégulier

Choisissez la forme correcte du passé.

Corrigé page 252

1. Он (вести) _____ машину. *Il conduisait la voiture.*
   - A вёз
   - B вёл
   - C вел

2. Мы (написать) _____ письмо. *Nous avons écrit la lettre.*
   - A написали
   - B напили
   - C напишали

3. Она (идти) _____ пешком. *Elle marchait (allait à pied).*
   - A идла
   - B ишла
   - C шла

4. Вы не (замёрзнуть) _____? *N'avez-vous pas eu froid ?*
   - A замёрзнули
   - B замёрзли
   - C замерзали

5. Оно (быть) _____ интересным. *Cela était intéressant.*
   - A было
   - B был
   - C были

6. Ты не (мочь) _____ это сделать! *Tu n'as pas pu faire cela !*
   - A моч
   - B мог
   - C могла

7. Он (умереть) _____ 10 лет назад. *Il est mort il y a 10 ans.*
   - A умерел
   - B умерл
   - C умер

Module 25
ОСНОВЫ

8. Всё (пройти) _____. *Tout est passé.*

   A пройло   **B** прошло   **C** прошли

Astuce Certains verbes forment le pluriel irrégulier au masculin. Il faut les apprendre par cœur. En revanche, les autres genres sont formés avec la forme du masculin irrégulière mais les terminaisons habituelles (**ла**, **ло**, **ли**).

Focus Le passé

Accordez le sujet avec le verbe au passé.

Corrigé page 252

1. Люди громко (говорить).
   - **A** говорил
   - **B** говорили
   - **C** говорило
   - **D** говорила

2. Куда вчера (ходить) дети?
   - **A** ходил
   - **B** ходят
   - **C** ходили
   - **D** ходило

3. Им (звонить) дочь.
   - **A** звонили
   - **B** звонило
   - **C** звонил
   - **D** звонила

4. Кто вам это (сказать)?
   - **A** сказала
   - **B** сказали
   - **C** сказал
   - **D** сказало

5. Всё давно (пройти).
   - **A** пройла
   - **B** прошло
   - **C** прошли
   - **D** пройли

6. Кровать (стоять) в углу.
   - **A** стояло
   - **B** стоял
   - **C** стояли
   - **D** стояла

Module 25
ОСНОВЫ

7. Куда ты (бегать)?

   A бегала
   C бегали
   B бежало
   D бежал

Focus Le passé des verbes pronominaux

Accordez le verbe au passé.

Corrigé page 252

1. Мы уже (встречаться).

   A встречался
   C встречалси
   B встречалась
   D встречались

2. Раньше церковь (находиться) здесь.

   A находилась
   C находилось
   B находились
   D находился

3. Они (познакомиться) вчера.

   A познакомилси
   C познакомился
   B познакомились
   D познакомилось

4. Ну что, (договориться)?

   A договорились
   C договоритлись
   B договоримся
   D договорилси

5. Он всегда (заниматься) боксом.

   A занималась
   C занималось
   B занимались
   D занимался

6. Они не (смеяться).

   A смеялся
   C смеялись
   B смеялися
   D смеялси

Module 25
ОСНОВЫ

7. Она (вернуться) после обеда.

   A вернулись **C** вернулся

   B вернулось **D** вернулась

Astuce Le passé des verbes pronominaux est aussi facile : au masculin, on ajoute **ся** au **л** et pour les formes du masculin, féminin et pluriel de tous les genres, on ajoute **сь**.

Focus Le conditionnel

Transformez la phrase au conditionnel.

Corrigé page 252

1. Я хочу воды. → *Je voudrais de l'eau.*

   A Я хотела бы воды. **B** Я хотел воды.

2. Он узнает её. → *Il la reconnaîtrait.*

   A Он бы узнал её. **B** Он узнал бы её.

3. Вы покатаетесь на лошади. → *Vous feriez du cheval.*

   A Вы покатались на лошади. **B** Вы покатались бы на лошади.

4. Она съест мороженое. → *Elle mangerait une glace.*

   A Она съела бы мороженое. **B** Бы она съела мороженое.

5. Ты сходишь в кино. → *Tu irais au cinéma.*

   A Ты сходил бы в кино. **B** Ты бы сходила в кино.

6. Мы рады. → *On serait ravis.*

   A Мы бы были рады. **B** Мы был бы рады.

Astuce Le conditionnel est formé avec la particule **бы**, placée devant ou après le verbe au passé.

Module 25
СЛОВАРЬ

Verbes

ненавидеть	*haïr*
нездоровиться	*se sentir mal*
негодовать	*être en colère*
поверить	*croire*
недоумевать	*être perplexe*
забыть	*oublier*
петь	*chanter*
падать	*tomber*
встретиться	*se rencontrer*
вести	*conduire*
замёрзнуть	*attraper froid*
умереть	*mourir*
встречаться	*se rencontrer*
познакомиться	*faire connaissance*
покататься...	*faire du...*
съесть	*manger*
сходить	*aller*

Noms

асфальт (m)	*asphalte*
парк (m)	*parc*
угол (m)	*coin*
бокс (m)	*boxe*
мороженое (n)	*glace*
кино (n)	*ciné*

Module 25
СЛОВАРЬ

Adverbes et adjectifs

поздно	*tard*
открыто	*ouvert*
рано	*tôt*
здесь	*ici*
пешком	*à pied*
интересный	*intéressant*
назад	*il y a (temporel), en arrière*
громко	*fort*
куда	*où (avec mouvement)*
давно	*il y a longtemps*
рад	*content*

Module 25
ОТВЕТЫ

Основы

PAGE 241 - La particule négative et les verbes
1 B 2 A 3 A 4 B 5 A 6 B 7 A 8 A 9 B

PAGES 242-243 - La déclinaison
1 A 2 A 3 B 4 B 5 A 6 B 7 A 8 B 9 B 10 B 11 A
1 B 2 B 3 A 4 A 5 B 6 A 7 B 8 B 9 A 10 B 11 A

PAGES 244-246 - Le passé
1 A 2 B 3 A 4 B 5 A
1 B 2 A/C 3 A/B 4 A
1 A 2 B 3 A 4 A 5 B
1 A/B 2 A/B/C 3 C 4 A/C 5 B 6 A/B 7 A/C 8 C

PAGES 246-247 - Le passé irrégulier
1 B 2 A 3 C 4 B 5 A 6 B/C 7 C 8 B

PAGES 247-248 - Le passé
1 B 2 C 3 D 4 C 5 B 6 D 7 A

PAGES 248-249 - Le passé des verbes pronominaux
1 D 2 A 3 B 4 A 5 D 6 C 7 D

PAGE 249 - Le conditionnel
1 A 2 A/B 3 B 4 A 5 A/B 6 A

Vous avez obtenu entre 0 et 16 ? Reprenez chaque question en regardant les endroits où vous avez fait des erreurs.

Vous avez obtenu entre 17 et 34 ? C'est très moyen, mais ne vous découragez pas.

Vous avez obtenu entre 35 et 52 ? Analysez vos erreurs et révisez les notions, vous êtes sur la bonne voie !

Vous avez obtenu entre 53 et 70 ? Félicitations !

Vous avez obtenu 71 et plus ? Восхитительно! Браво!

Module 26
ОСНОВЫ

Focus Les faux amis – verbes réfléchis

Choisissez la forme correcte du verbe.

Corrigé page 260

1. plaire
   - **A** нравить
   - **B** нравиться

2. dessiner
   - **A** рисовать
   - **B** рисоваться

3. rire
   - **A** смеять
   - **B** смеяться

4. utiliser (quelque chose)
   - **A** пользовать
   - **B** пользоваться

5. se brosser les dents
   - **A** чиститься зубы
   - **B** чистить зубы

6. avoir peur
   - **A** бояться
   - **B** боять

Astuce Certains verbes réfléchis en russe, ne le sont pas en français et vice versa.

Focus Les verbes réfléchis

Accordez le sujet avec le verbe.

1. Дети громко (смеяться).
   - **A** смеються
   - **B** смеятся
   - **C** смеются
   - **D** смеяются

2. Птицы (радоваться) весне.
   - **A** радоваються
   - **B** радаватся
   - **C** радоваются
   - **D** радуются

3. Церковь (находиться) справа от вокзала.
   - **A** находится
   - **B** находиться
   - **C** находятся
   - **D** находется

Module 26
ОСНОВЫ

4. Все (умываться) по утрам.
   - **A** умыватся
   - **B** умывается
   - **C** умоются
   - **D** умываются

5. Мы (кататься) на велосипеде.
   - **A** катимся
   - **B** катаемся
   - **C** катаимся
   - **D** катаемься

Focus La déclinaison

Mettez le nom à la forme indiquée.

Corrigé page 260

1. герой → _____ *génitif pluriel*
   - **A** героев
   - **B** героёв

2. герой → _____ *datif singulier*
   - **A** герою
   - **B** героу

3. герой → _____ *instrumental pluriel*
   - **A** геройями
   - **B** героями

4. герой → _____ *nominatif pluriel*
   - **A** герои
   - **B** героев

5. герой → _____ *accusatif singulier*
   - **A** героя
   - **B** герой

6. герой → _____ *locatif pluriel*
   - **A** геройах
   - **B** героях

7. герой → _____ *génitif singulier*
   - **A** герои
   - **B** героя

8. герой → _____ *datif pluriel*
   - **A** героюм
   - **B** героям

9. герой → _____ *instrumental singulier*
   - **A** героем
   - **B** геройем

10. герой → _____ *locatif singulier*
    - **A** герое
    - **B** герои

Module 26
ОСНОВЫ

11. герой → _____ *accusatif pluriel*

   A герои   **B** героев

Focus La déclinaison

Choisissez la forme correcte au cas indiqué.

Corrigé page 260

1. конь → _____ *nominatif pluriel*

   A коня   **B** кони

2. конь → _____ *datif pluriel*

   A коням   **B** конам

3. конь → _____ *génitif singulier*

   A конь   **B** коня

4. конь → _____ *locatif singulier*

   A коню   **B** коне

5. конь → _____ *accusatif pluriel*

   A коней   **B** кони

6. конь → _____ *instrumental pluriel*

   A конями   **B** коньями

7. конь → _____ *locatif pluriel*

   A конях   **B** коньах

8. конь → _____ *accusatif singulier*

   A конь   **B** коня

9. конь → _____ *instrumental singulier*

   A конём   **B** конем

10. конь → _____ *génitif pluriel*

    A конёв   **B** коней

11. конь → _____ *datif singulier*

    A кони   **B** коню

Module 26
ОСНОВЫ

Focus: L'accord des adjectifs déclinés au singulier

Complétez la phrase avec la forme correcte de l'adjectif.

Corrigé page 260

1. Мы видели _____ собаку. *Nous avons vu le chien blanc.*
   - **A** белая
   - **B** белую

2. Он купил _____ словарь. *Il a acheté un gros dictionnaire.*
   - **A** толстый
   - **B** толстого

3. Летом небо _____. *En été, le ciel est bleu.*
   - **A** синего
   - **B** синее

4. Ключ лежит на _____ столе. *La clé est sur la grande table.*
   - **A** большой
   - **B** большом

5. Сегодня на небе _____ луна. *Aujourd'hui, il y a une lune jaune dans le ciel.*
   - **A** жёлтая
   - **B** жёлтой

6. Дай книгу _____ девочке. *Donne le livre à la petite fille.*
   - **A** маленькому
   - **B** маленькой

7. Вы живёте в _____ здании. *Vous habitez un immeuble haut.*
   - **A** высоком
   - **B** высокий

Focus: L'accord des adjectifs déclinés pluriel

Corrigez l'erreur en mettant l'adjectif au même cas mais au pluriel.

1. Ты учишь иностранный языки. *Tu apprends des langues étrangères.*
   - **A** иностранные
   - **B** иностранных

2. Я купила длинную юбки. *J'ai acheté des jupes longues.*
   - **A** длинные
   - **B** длинных

3. Они говорят о новом соседях. *Ils parlent des nouveaux voisins.*
   - **A** новым
   - **B** новых

4. Это написано в вечерней газетах. *C'est écrit dans les journaux du soir.*
   - **A** вечерних
   - **B** вечерных

5. Я люблю сладкий торты. *J'aime des gâteaux sucrés.*
   - **A** сладкие
   - **B** сладких

Module 26
ОСНОВЫ

6. Весь месяц будут сильный дожди. *Tout le mois, il y aura de fortes pluies.*

    A сильние   **B** сильные

Focus Les adjectifs courts

Choisissez la forme correcte.

Corrigé page 260

1. Мальчик _____. *Le garçon est malade.*

    A больна   **B** болен   **C** болно

2. Все очень _____. *Tout le monde est très content.*

    A рад   **B** радо   **C** рады

3. Как _____ город вечером! *Que la ville est jolie le soir !*

    A красив   **B** красива   **C** красивый

4. Ты _____? *Es-tu prête ?*

    A готовая   **B** готова   **C** готов

5. Раньше мы были _____. *Avant nous étions proches.*

    A близок   **B** близко   **C** близки

6. Она всегда так _____? *Est-elle toujours si calme ?*

    A спокойена   **B** спокойна   **C** спокоена

Astuce L'adjectif court reprend la logique déjà observée : le masculin a la terminaison « zéro », le féminin se termine en **a** et le neutre en **o**. Le pluriel de tous les genres prend **и** ou **ы** selon la consonne qui précède la terminaison (l'incompatibilité orthographique).

Focus Le lexique

Complétez la phrase avec le mot qui convient.

1. Где твой _____?

    A компьютер   **B** машина

2. Завтра у Саши _____ рождения.

    A тетрадь   **B** день

3. В воскресенье школа _____.

    A закрыта   **B** делает

Module 26
ОСНОВЫ

4. Они играют на _____.

   A футбол
   B пианино

5. Алло! _____ говорит? – Это Рита.

   A что
   B кто

6. Она приедет _____ два дня.

   A через
   B в

7. Мы _____ знакомы.

   A давний
   B давно

Focus La conjugaison

Choisissez la forme correcte du verbe au présent.

Corrigé page 260

1. Наши друзья _____ в этом доме.

   A живут
   B живют
   C живат
   D живают

2. Где ты _____?

   A живеешь
   B живаешь
   C живишь
   D живёшь

3. Его брат _____ в Китае.

   A живет
   B живаит
   C живёт
   D живит

4. Я _____ так, как хочу.

   A живаю
   B живу
   C живею
   D живю

5. Мы _____ вместе.

   A живим
   B живем
   C живаем
   D живём

6. Вы _____ рядом с театром.

   A живите
   B живайте
   C живеёте
   D живёте

Module 26
СЛОВАРЬ

Verbes

пользоваться	utiliser (qqch)
чистить	nettoyer
чистить зубы	se brosser les dents
бояться	avoir peur
радоваться	se réjouir
умываться	se laver (le visage)
учить	apprendre (qqch)

Noms

птица (f)	oiseau
вокзал (m)	gare
луна (f)	lune
язык (m)	langue
рождение (n)	naissance
день (m) рождения	anniversaire
воскресенье	dimanche
футбол (m)	foot
пианино (n)	piano

Adjectifs et adverbes

летом	en été
иностранный	étranger
написан	écrit
вечерний	du soir
весь	tout, entier
болен	malade
вечером	le soir
красив	beau
готов	prêt
близок	proche
спокоен	calme
закрыт	fermé
алло	allô
знаком	connu

Module 26
ОТВЕТЫ

Основы

PAGE 253 - Les faux amis – verbes réfléchis
1 **B** 2 **A** 3 **B** 4 **B** 5 **B** 6 **A**

PAGES 253-254 - Les verbes réfléchis
1 **C** 2 **D** 3 **A** 4 **D** 5 **B**

PAGES 254-255 - La déclinaison
1 **A** 2 **A** 3 **B** 4 **A** 5 **A** 6 **B** 7 **B** 8 **B** 9 **A** 10 **A** 11 **B**
1 **B** 2 **A** 3 **B** 4 **B** 5 **A** 6 **A** 7 **A** 8 **B** 9 **A** 10 **B** 11 **B**

PAGE 256 - L'accord des adjectifs déclinés au singulier
1 **B** 2 **A** 3 **A** 4 **B** 5 **A** 6 **B** 7 **A**

PAGES 256-257 - L'accord des adjectifs déclinés pluriel
1 **A** 2 **A** 3 **B** 4 **A** 5 **A** 6 **B**

PAGE 257 - Les adjectifs courts
1 **B** 2 **C** 3 **A** 4 **B** 5 **C** 6 **B**

PAGES 257-258 - Le lexique
1 **A** 2 **B** 3 **A** 4 **B** 5 **B** 6 **A** 7 **B**

PAGE 258 - La conjugaison
1 **A** 2 **D** 3 **C** 4 **B** 5 **D** 6 **D**

Vous avez obtenu entre 0 et 9 ? Reprenez chaque question en regardant les endroits où vous avez fait des erreurs.

Vous avez obtenu entre 10 et 24 ? C'est très moyen, mais ne vous découragez pas.

Vous avez obtenu entre 25 et 39 ? Analysez vos erreurs et révisez les notions, vous êtes sur la bonne voie !

Vous avez obtenu entre 40 et 54 ? Félicitations !

Vous avez obtenu 55 et plus ? Восхитительно! Браво!

Module 27
ОСНОВЫ

Focus Terminaisons verbales

Choisissez la traduction correcte.

Corrigé page 269

1. il plaît
   - **A** нравиться
   - **B** нравится

2. s'occuper
   - **A** заниматься
   - **B** заниматся

3. Il ne se sent pas bien.
   - **A** Ему нездоровиться.
   - **B** Ему нездоровится.

4. Elle se trouve ici.
   - **A** Она находиться здесь.
   - **B** Она находится здесь.

Astuce Les terminaisons **тся** et **ться** se prononcent exactement pareil : **ца**. En revanche, le signe mou s'écrit uniquement à l'infinitif.

Focus Terminaisons verbales

Complétez la phrase avec la forme qui convient.

1. Не надо с ним _____!
   - **A** ругатся
   - **B** ругаться
   - **C** ругаеться
   - **D** ругается

2. Ваня _____ с нами.
   - **A** знакомиться
   - **B** знакомяться
   - **C** знакомятся
   - **D** знакомится

3. Она _____ детьми.
   - **A** гордится
   - **B** гордиться
   - **C** гордитця
   - **D** гордитца

4. Нельзя над ней _____.
   - **A** смеёться
   - **B** смеятся
   - **C** смеётся
   - **D** смеяться

Module 27
ОСНОВЫ

Focus Terminaisons verbales

Choisissez la forme verbale correcte.

1. Вам _____.
   - **A** нездоровится
   - **B** нездоровиться

2. Наташе _____ Олег.
   - **A** нравится
   - **B** нравиться

3. Надо _____.
   - **A** умыватся
   - **B** умываться

4. Они никогда не _____.
   - **A** здороваются
   - **B** здороваються

5. Кто хочет _____ на коне в пятницу?
   - **A** покататся
   - **B** покататься

6. Она _____ по лестнице.
   - **A** спускаеться
   - **B** спускается

7. Помоги мне _____.
   - **A** одется
   - **B** одеться

8. Не нужно _____.
   - **A** бояться
   - **B** боятся

Focus Terminaisons verbales

Choisissez la forme avec ou sans signe mou.

1. Он весело _____.
   - **A** смеётся
   - **B** смеёться

2. Они хотят _____ на гору в субботу.
   - **A** поднятся
   - **B** подняться

3. Здесь нельзя _____ на велосипеде.
   - **A** кататься
   - **B** кататся

Module 27
ОСНОВЫ

4. Они _____ мышей.
   - A бояться
   - B боятся

5. _____ вместе проще.
   - A Заниматся
   - B Заниматься

6. Саша хочет _____ домой.
   - A вернуться
   - B вернутся

7. Надо хорошо _____.
   - A учится
   - B учиться

8. Дедушка будет _____.
   - A сердиться
   - B сердится

Focus La déclinaison

Mettez le nom à la forme indiquée.

Corrigé page 269

1. вино → _____ *locatif pluriel*
   - A вине
   - B винах

2. вино → _____ *accusatif singulier*
   - A вино
   - B вину

3. вино → _____ *instrumental pluriel*
   - A винами
   - B винам

4. вино → _____ *datif singulier*
   - A вине
   - B вину

5. вино → _____ *génitif pluriel*
   - A вин
   - B винов

6. вино → _____ *locatif singulier*
   - A вине
   - B вину

7. вино → _____ *génitif singulier*
   - A вины
   - B вина

Module 27
ОСНОВЫ

8. вино → _____ *accusatif pluriel*
   - **A** вина
   - **B** вины

9. вино → _____ *instrumental singulier*
   - **A** вином
   - **B** виной

10. вино → _____ *nominatif pluriel*
    - **A** вины
    - **B** вина

11. вино → _____ *datif pluriel*
    - **A** винам
    - **B** винами

Focus La déclinaison

Choisissez la forme correcte au cas indiqué.

Corrigé page 269

1. лицо → _____ *génitif singulier*
   - **A** лиц
   - **B** лица

2. лицо → _____ *accusatif pluriel*
   - **A** лица
   - **B** лицы

3. лицо → _____ *instrumental singulier*
   - **A** лицем
   - **B** лицом

4. лицо → _____ *locatif singulier*
   - **A** лицу
   - **B** лице

5. лицо → _____ *nominatif pluriel*
   - **A** лици
   - **B** лица

6. лицо → _____ *instrumental pluriel*
   - **A** лицами
   - **B** лицими

7. лицо → _____ *datif pluriel*
   - **A** лицям
   - **B** лицам

8. лицо → _____ *accusatif singulier*
   - **A** лиц
   - **B** лицо

Module 27
ОСНОВЫ

9. лицо → _____ *locatif pluriel*
   - **A** лицах
   - **B** лицам

10. лицо → _____ *génitif pluriel*
    - **A** лиц
    - **B** лицев

11. лицо → _____ *datif singulier*
    - **A** лице
    - **B** лицу

Focus La déclinaison

Choisissez la forme correcte au cas indiqué.

Corrigé page 269

1. друг → _____ *datif singulier*
   - **A** другю
   - **B** друге
   - **C** другу

2. друг → _____ *nominatif pluriel*
   - **A** друзья
   - **B** други
   - **C** другы

3. друг → _____ *accusatif singulier*
   - **A** друз
   - **B** друг
   - **C** друга

4. друг → _____ *locatif pluriel*
   - **A** другах
   - **B** друзьях
   - **C** друзях

5. друг → _____ *génitif pluriel*
   - **A** друзей
   - **B** друзев
   - **C** другов

6. друг → _____ *instrumental singulier*
   - **A** другьём
   - **B** другом
   - **C** друзем

7. друг → _____ *datif pluriel*
   - **A** другям
   - **B** другьям
   - **C** друзьям

8. друг → _____ *génitif singulier*
   - **A** друг
   - **B** други
   - **C** друга

Module 27
ОСНОВЫ

Corrigé page 269

9. друг → _____ *accusatif pluriel*
   - **A** друзей
   - **B** другов
   - **C** други

10. друг → _____ *instrumental pluriel*
    - **A** друзами
    - **B** друзьями
    - **C** другами

11. друг → _____ *locatif singulier*
    - **A** друге
    - **B** другу
    - **C** друзье

Focus Le lexique

Choisissez le mot qui convient (parfois plusieurs variantes sont acceptables).

1. Сколько _____ эта курица?
   - **A** стоять
   - **B** стоит
   - **C** весит

2. Я долго _____.
   - **A** спал
   - **B** спел
   - **C** спала

3. Положи кошелёк на _____.
   - **A** стола
   - **B** диван
   - **C** стулы

4. В холодильнике ничего _____.
   - **A** нет
   - **B** много
   - **C** взять

5. Всё _____.
   - **A** было
   - **B** плохо
   - **C** хорошо

6. Потом _____ легче.
   - **A** было
   - **B** будет
   - **C** был

Focus La conjugaison

Choisissez la forme verbale correcte.

1. Дети плохо _____. *Les enfants se comportent mal.*
   - **A** их ведут
   - **B** себя ведут

Module 27
ОСНОВЫ

2. Как ты _____? *Comment te comportes-tu ?*
   - **A** тебя ведёшь
   - **B** себя ведёшь

3. Она _____, как королева. *Elle se comporte comme une reine.*
   - **A** ведёт себя
   - **B** ведёт её

4. Я _____ со всеми одинаково. *Je me comporte avec tout le monde de la même manière.*
   - **A** веду меня
   - **B** веду себя

5. Они _____ в кино. *Ils les amènent au ciné.*
   - **A** ведут их
   - **B** ведут себя

6. Кто так _____? *Qui se comporte comme ça ?*
   - **A** себя ведёт
   - **B** их ведёт

7. Эта дорога _____ в Рим. *Cette route mène à Rome.*
   - **A** ведёт себя
   - **B** ведёт

8. Вы отлчино _____! *Vous vous comportez parfaitement (bien) !*
   - **A** себя ведёте
   - **B** вас ведёте

267

Module 27
СЛОВАРЬ

Verbes

ругаться	se disputer
смеяться над	se moquer de qqn
здороваться	dire bonjour, saluer
спускаться	descendre
одеться	s'habiller
подняться	monter
заниматься	étudier
учиться	étudier
сердиться	être fâché
вести себя	se comporter

Noms

пятница	vendredi
лестница (f)	escalier
суббота	samedi
курица (f)	poule
кошелёк (m)	porte-monnaie
холодильник (m)	réfrigérateur
королева (f)	reine

Adverbes

нельзя	interdit
долго	longtemps
плохо	mal
легче	plus simple, plus facile
одинаково	de la même manière

Module 27
ОТВЕТЫ

Основы

PAGES 261-263 - Terminaisons verbales
1 **B** 2 **A** 3 **B** 4 **B**
1 **B** 2 **D** 3 **A** 4 **D**
1 **A** 2 **A** 3 **B** 4 **A** 5 **B** 6 **B** 7 **B** 8 **A**
1 **A** 2 **B** 3 **A** 4 **B** 5 **B** 6 **A** 7 **B** 8 **A**

PAGES 263-266 - La déclinaison
1 **B** 2 **A** 3 **A** 4 **B** 5 **A** 6 **A** 7 **B** 8 **A** 9 **A** 10 **B** 11 **A**
1 **B** 2 **A** 3 **B** 4 **B** 5 **B** 6 **A** 7 **B** 8 **B** 9 **A** 10 **A** 11 **B**
1 **C** 2 **A** 3 **C** 4 **B** 5 **A** 6 **B** 7 **C** 8 **C** 9 **A** 10 **B** 11 **A**

PAGE 266 - Le lexique
1 **B/C** 2 **A/C** 3 **B** 4 **A** 5 **A/B/C** 6 **A/B**

PAGES 266-267 - La conjugaison
1 **B** 2 **B** 3 **A** 4 **B** 5 **A** 6 **A** 7 **B** 8 **A**

Vous avez obtenu entre 0 et 12 ? Reprenez chaque question en regardant les endroits où vous avez fait des erreurs.
Vous avez obtenu entre 13 et 28 ? C'est très moyen, mais ne vous découragez pas.
Vous avez obtenu entre 29 et 44 ? Analysez vos erreurs et révisez les notions, vous êtes sur la bonne voie !
Vous avez obtenu entre 45 et 60 ? Félicitations !
Vous avez obtenu 61 et plus ? Восхитительно! Браво!

Module 28
ОСНОВЫ

Focus L'orthographe des terminaisons avec chuintantes

Choisissez la lettre correcte.

1. Люблю тебя всем сердц_м. *Je t'aime de tout mon cœur.*
   - **A** о
   - **B** е

2. Вера живёт на ваш_м этаже. *Véra vit à votre étage.*
   - **A** е
   - **B** и

3. Ты останешься с отц_м. *Tu resteras avec ton père.*
   - **A** о
   - **B** е

4. С Даш_й веселее! *C'est plus drôle avec Dasha !*
   - **A** о
   - **B** е

5. Она придёт с ключ_м. *Elle viendra avec la clé.*
   - **A** е
   - **B** о

6. Валя мечтает стать врач_м. *Valia rêve devenir médecin.*
   - **A** о
   - **B** е

7. Я наелся груш_й. *J'ai été rassasié avec la poire.*
   - **A** е
   - **B** о

8. За дач_й находится огород. *Derrière la datcha se trouve le potager.*
   - **A** о
   - **B** е

Astuce Dans les terminaisons non-accentuées après les lettres **ж, ц, ч, ш, щ**, on écrit **e** et jamais **o**. Cette dernière apparaît sous accent.

Focus L'orthographe

Choisissez la forme correcte.

1. cirque
   - **A** цирк
   - **B** цырк

Module 28
ОСНОВЫ

2. aujourd'hui
   - **A** сегодня
   - **B** севодня

Corrigé page 280

3. triste
   - **A** грусный
   - **B** грустный

4. parachute
   - **A** парашут
   - **B** парашют

5. poulet
   - **A** цыплёнок
   - **B** циплёнок

6. tremblement de terre
   - **A** землятресение
   - **B** землетрясение

7. bonjour
   - **A** здраствуйте
   - **B** здравствуйте

8. tsigane
   - **A** цыган
   - **B** циган

9. s'il vous plaît
   - **A** пожалуста
   - **B** пожалуйста

10. honnête
    - **A** чесный
    - **B** честный

11. chanson
    - **A** песня
    - **B** пестня

Focus L'orthographe des mots composés

Choisissez la forme correcte.

1. à trois étages
   - **A** трёхэтажный
   - **B** трёхитажный
   - **C** трёхытажный

2. piéton
   - **A** пишеход
   - **B** пешеход
   - **C** пешиход

Module 28
ОСНОВЫ

Corrigé page 280

3. kilo
   - A килаграмм
   - B килограмм
   - C килограм

4. vide-ordure
   - A мусаропровод
   - B мусорапровод
   - C мусоропровод

5. triangle
   - A треугольник
   - B триугольник
   - C трыугольник

6. poème
   - A стихатворение
   - B стихотварение
   - C стихотворение

7. paratonnerre
   - A громаотвод
   - B громоотвод
   - C громоатвод

8. fou
   - A сумашедший
   - B сумашетший
   - C сумасшедший

9. animalerie
   - A зоомагазин
   - B зоумагазин
   - C зоамагазин

10. course cycliste
    - A велагонка
    - B велегонка
    - C велогонка

Focus La déclinaison

Mettez le nom à la forme indiquée.

1. ночь → _____ *nominatif pluriel*
   - A ночи
   - B ночы

2. ночь → _____ *datif singulier*
   - A ноче
   - B ночи

3. ночь → _____ *instrumental pluriel*
   - A ночями
   - B ночами

4. ночь → _____ *génitif singulier*
   - A ночи
   - B ночь

Module 28
ОСНОВЫ

5. ночь → _____ *accusatif pluriel*
   - **A** ночи
   - **B** ночей

6. ночь → _____ *locatif singulier*
   - **A** ноче
   - **B** ночи

7. ночь → _____ *accusatif singulier*
   - **A** ночь
   - **B** ночи

8. ночь → _____ *datif pluriel*
   - **A** ночям
   - **B** ночам

9. ночь → _____ *instrumental singulier*
   - **A** ночей
   - **B** ночью

10. ночь → _____ *locatif pluriel*
    - **A** ночах
    - **B** ночьях

11. ночь → _____ *génitif pluriel*
    - **A** ноч
    - **B** ночей

Focus La déclinaison

Corrigé page 280

Choisissez la forme correcte au cas indiqué.

1. нож → _____ *génitif pluriel*
   - **A** ножей
   - **B** ножов

2. нож → _____ *accusatif singulier*
   - **A** нож
   - **B** ножа

3. нож → _____ *instrumental pluriel*
   - **A** ножами
   - **B** ножями

4. нож → _____ *datif singulier*
   - **A** ножю
   - **B** ножу

5. нож → _____ *accusatif pluriel*
   - **A** ножы
   - **B** ножи

Module 28
ОСНОВЫ

Corrigé page 280

6. нож → _____ *nominatif pluriel*
   - **A** ножи
   - **B** ножы

7. нож → _____ *locatif pluriel*
   - **A** ножях
   - **B** ножах

8. нож → _____ *génitif singulier*
   - **A** ножа
   - **B** ножи

9. нож → _____ *instrumental singulier*
   - **A** ножем
   - **B** ножом

10. нож → _____ *datif pluriel*
    - **A** ножам
    - **B** ножьям

11. нож → _____ *locatif singulier*
    - **A** ноже
    - **B** ножу

Focus La déclinaison

Choisissez la forme correcte au cas indiqué.

1. врач → _____ *datif pluriel*
   - **A** врачам
   - **B** врачю

2. врач → _____ *génitif singulier*
   - **A** врачя
   - **B** врача

3. врач → _____ *locatif singulier*
   - **A** враче
   - **B** врачу

4. врач → _____ *accusatif pluriel*
   - **A** врачи
   - **B** врачей

5. врач → _____ *datif singulier*
   - **A** враче
   - **B** врачу

6. врач → _____ *instrumental pluriel*
   - **A** врачами
   - **B** врачями

Module 28
ОСНОВЫ

7. врач → _____ *locatif pluriel*
   - **A** врачях
   - **B** врачах

8. врач → _____ *accusatif singulier*
   - **A** врача
   - **B** врач

9. врач → _____ *nominatif pluriel*
   - **A** врачи
   - **B** врачы

10. врач → _____ *instrumental singulier*
    - **A** врачём
    - **B** врачом

11. врач → _____ *génitif pluriel*
    - **A** врачей
    - **B** врачов

Focus La déclinaison

Choisissez la forme correcte au cas indiqué.

Corrigé page 280

1. ключ → _____ *nominatif pluriel*
   - **A** ключы
   - **B** ключи

2. ключ → _____ *datif pluriel*
   - **A** ключю
   - **B** ключам

3. ключ → _____ *génitif singulier*
   - **A** ключа
   - **B** ключя

4. ключ → _____ *locatif singulier*
   - **A** ключе
   - **B** ключу

5. ключ → _____ *accusatif pluriel*
   - **A** ключи
   - **B** ключей

6. ключ → _____ *instrumental pluriel*
   - **A** ключями
   - **B** ключами

7. ключ → _____ *locatif pluriel*
   - **A** ключях
   - **B** ключах

Module 28
ОСНОВЫ

8. ключ → _____ *accusatif singulier*

   A ключа   **B** ключ

9. ключ → _____ *instrumental singulier*

   A ключом   **B** ключём

10. ключ → _____ *génitif pluriel*

    A ключэй   **B** ключей

11. ключ → _____ *datif singulier*

    A ключу   **B** ключю

Astuce Rappelez-vous que la forme de l'accusatif pour les masculins inanimés reprend celle du nominatif et elle est équivalente au génitif pour les animés.

Focus Le lexique

Choisissez le mot qui convient pour compléter la phrase.

Corrigé page 280

1. Ему _____ десять лет. *Il n'a que dix ans.*

   A всего   **B** завтра   **C** уже

2. С _____ выпью вина. *Je prendrai du vin avec plaisir.*

   A грустью   **B** тобой   **C** удовольствием

3. Они устали и хотят _____. *Ils sont fatigués et ont sommeil.*

   A есть   **B** спеть   **C** спать

4. Мне кажется, у него _____. *J'ai l'impression qu'il a de la fièvre.*

   A температура **B** февраль **C** холод

5. У них нет _____. *Ils n'ont pas d'essence.*

   A газа   **B** бензина   **C** воды

6. Поставь _____ на стол. *Mets l'assiette sur la table.*

   A кружку   **B** вилку   **C** тарелку

Module 28
ОСНОВЫ

Focus La conjugaison

Complétez la phrase avec la forme correcte du verbe entre parenthèses.

1. Где (находиться) _____ кафе? *Où se trouve le café ?*

   A находится   **B** находятся

2. Завтра дети (поехать) _____ в деревню. *Demain, les enfants iront à la campagne.*

   A поехали   **B** поедут

3. Они (узнавать) _____ много нового. *Ils aprennent beaucoup de nouvelles choses.*

   A узнают   **B** узнавают

4. Что ты (рисовать) _____? *Que dessines-tu ?*

   A рисоваешь   **B** рисуешь

5. Её сосед (дать) _____ нам эту книгу. *Son voisin nous a donné ce livre.*

   A давал   **B** дал

6. Где вы (быть) _____? *Où étiez-vous ?*

   A были   **B** был

Focus La conjugaison

Choisissez la forme correcte du verbe забыть *au futur simple.*

Corrigé page 280

1. Я никогда тебя не _____.

   A забываю   **C** забудю
   B забыду   **D** забуду

2. Мы _____ обо всём!

   A забудем   **C** забудим
   B забываем   **D** забыдем

Module 28
ОСНОВЫ

3. Ты опять _____ свой телефон.

   A забудишь
   B забыдешь
   C забудешь
   D забываешь

4. Она не _____ зайти в аптеку.

   A забудет
   B забывает
   C забыдет
   D забудит

5. Без них вы _____ про ужин.

   A забываете
   B забудите
   C забыдете
   D забудете

6. Уверена, что они _____ чемодан.

   A забудут
   B забудют
   C забудят
   D забудат

Astuce Le verbe **забыть** se conjugue sur la même base que le verbe **быть**. La conjugaison est identique à tous les temps.

Module 28
СЛОВАРЬ

Verbes

остаться	*rester*
мечтать	*rêver*
наесться	*se rassasier, manger assez*
выпить	*boire*
устать	*se fatiguer*
казаться	*sembler*
узнавать	*apprendre (qqch)*

Noms

этаж (m)	*étage*
огород (m)	*potager*
цирк (m)	*cirque*
парашют (m)	*parachute*
цыплёнок (m)	*poulet*
землетрясение (n)	*tremblement de terre*
цыган (m)	*tsigane*
пешеход (m)	*piéton*
мусоропровод (m)	*vide-ordure*
треугольник (m)	*triangle*
стихотворение (n)	*poème*
громоотвод (m)	*paratonnerre*
зоомагазин (m)	*animalerie*
велогонка (f)	*course cycliste*
температура (f)	*fièvre, température*
бензин (m)	*essence*

Adjectifs et adverbes

здравствуйте	*bonjour*
трёхэтажный	*à trois étages*
сумасшедший	*fou*
всего	*seulement*
уже	*déjà*

Module 28
ОТВЕТЫ

Основы

PAGE 270 - L'orthographe des terminaisons avec chuintantes
1 **B** 2 **A** 3 **A** 4 **B** 5 **B** 6 **A** 7 **A** 8 **B**

PAGE 270-271 - L'orthographe
1 **A** 2 **A** 3 **B** 4 **B** 5 **A** 6 **B** 7 **B** 8 **A** 9 **B** 10 **B** 11 **A**

PAGE 271-272 - L'orthographe des mots composés
1 **A** 2 **B** 3 **B** 4 **C** 5 **A** 6 **C** 7 **B** 8 **C** 9 **A** 10 **C**

PAGES 272-276 - La déclinaison
1 **A** 2 **B** 3 **B** 4 **A** 5 **A** 6 **B** 7 **A** 8 **B** 9 **B** 10 **A** 11 **B**
1 **A** 2 **A** 3 **A** 4 **B** 5 **B** 6 **A** 7 **B** 8 **A** 9 **B** 10 **A** 11 **A**
1 **A** 2 **B** 3 **A** 4 **B** 5 **B** 6 **A** 7 **B** 8 **A** 9 **A** 10 **B** 11 **A**
1 **B** 2 **B** 3 **A** 4 **A** 5 **A** 6 **B** 7 **B** 8 **B** 9 **A** 10 **B** 11 **A**

PAGE 276 - Le lexique
1 **A** 2 **C** 3 **C** 4 **A** 5 **B** 6 **C**

PAGES 277-278 - La conjugaison
1 **A** 2 **B** 3 **A** 4 **B** 5 **B** 6 **A**
1 **D** 2 **A** 3 **C** 4 **A** 5 **D** 6 **A**

Vous avez obtenu entre 0 et 17 ? Reprenez chaque question en regardant les endroits où vous avez fait des erreurs.

Vous avez obtenu entre 18 et 38 ? C'est très moyen, mais ne vous découragez pas.

Vous avez obtenu entre 39 et 59 ? Analysez vos erreurs et révisez les notions, vous êtes sur la bonne voie !

Vous avez obtenu entre 60 et 80 ? Félicitations !

Vous avez obtenu 81 et plus ? Восхитительно! Браво!

Module 29
ОСНОВЫ

Focus Les expressions figées

Choisissez le sens correct de l'expression.

Corrigé
page 290

1. Пошёл дождь.

   A La pluie a cessé.   **B** La pluie a commencé.

2. Всё прошло мимо меня.

   A J'ai tout raté.   **B** J'ai vu quelque chose à côté.

3. Молоко убежало.

   A Le lait s'est mis à courir.   **B** Le lait a débordé.

4. Облака плывут.

   A Les nuages se reflètent dans l'eau.   **B** Les nuages passent dans le ciel.

5. Вышла книга.

   A Le livre a été publié.   **B** Le livre n'est plus en vente.

6. Пошли грибы.

   A Les champignons sont apparus.   **B** Ce n'est plus la saison des champignons.

Focus La déclinaison

Mettez le nom au cas indiqué.

1. бровь → *nominatif pluriel*

   A брови   **B** бровы

2. бровь → *datif singulier*

   A брови   **B** брове

3. бровь → *locatif pluriel*

   A бровьях   **B** бровях

4. бровь → *accusatif pluriel*

   A брови   **B** бровья

Module 29
ОСНОВЫ

5. бровь → *génitif singulier*
   - Ⓐ брови
   - Ⓑ бровя

6. бровь → *instrumental pluriel*
   - Ⓐ бровьями
   - Ⓑ бровями

7. бровь → *accusatif singulier*
   - Ⓐ бровь
   - Ⓑ брови

8. бровь → *génitif pluriel*
   - Ⓐ бровьев
   - Ⓑ бровей

9. бровь → *locatif singulier*
   - Ⓐ брове
   - Ⓑ брови

10. бровь → *datif pluriel*
    - Ⓐ бровям
    - Ⓑ бровьям

11. бровь → *instrumental singulier*
    - Ⓐ бровей
    - Ⓑ бровью

Focus La déclinaison

Mettez le nom au cas indiqué.

Corrigé page 290

1. парень → *génitif pluriel*
   - Ⓐ парнёв
   - Ⓑ парней

2. парень → *locatif singulier*
   - Ⓐ парне
   - Ⓑ парене

3. парень → *instrumental pluriel*
   - Ⓐ парнями
   - Ⓑ парньами

4. парень → *accusatif singulier*
   - Ⓐ парень
   - Ⓑ парня

5. парень → *datif singulier*
   - Ⓐ парню
   - Ⓑ переню

Module 29
ОСНОВЫ

6. парень → *accusatif pluriel*
   - Ⓐ пареней
   - Ⓑ парней

7. парень → *nominatif pluriel*
   - Ⓐ парны
   - Ⓑ парни

8. парень → *génitif singulier*
   - Ⓐ парня
   - Ⓑ пареня

9. парень → *datif pluriel*
   - Ⓐ парнам
   - Ⓑ парням

10. лес → *instrumental singulier*
    - Ⓐ парнем
    - Ⓑ паренем

11. парень → *locatif pluriel*
    - Ⓐ парнях
    - Ⓑ паренях

Focus La déclinaison

Mettez le nom au cas indiqué.

Corrigé page 290

1. номер → *nominatif pluriel*
   - Ⓐ номера
   - Ⓑ номеры

2. номер → *datif singulier*
   - Ⓐ номеру
   - Ⓑ номере

3. номер → *instrumental pluriel*
   - Ⓐ номерями
   - Ⓑ номерами

4. номер → *accusatif singulier*
   - Ⓐ номер
   - Ⓑ номера

5. номер → *datif pluriel*
   - Ⓐ номерам
   - Ⓑ номером

Module 29
ОСНОВЫ

6. номер → *instrumental singulier*

   A номером **B** номерами

7. номер → *locatif pluriel*

   A номерях **B** номерах

8. номер → *génitif singulier*

   A номера **B** номер

9. номер → *accusatif pluriel*

   A номеры **B** номера

10. номер → *locatif singulier*

    A номеру **B** номере

11. номер → *génitif pluriel*

    A номер **B** номеров

Focus La déclinaison

Mettez le nom au cas indiqué.

Corrigé page 290

1. дождь → *datif pluriel*

   A дождюм **B** дождям

2. дождь → *locatif singulier*

   A дождю **B** дожде

3. дождь → *instrumental singulier*

   A дождём **B** дождьом

4. дождь → *accusatif singulier*

   A дождь **B** дождя

5. дождь → *nominatif pluriel*

   A дожди **B** дожды

Module 29
ОСНОВЫ

6. дождь → *génitif pluriel*

   A дождёв   **B** дождей

7. дождь → *instrumental pluriel*

   A дождём   **B** дождями

8. дождь → *génitif singulier*

   A дождя   **B** дожди

9. дождь → *accusatif pluriel*

   A дождей   **B** дожди

10. дождь → *datif singulier*

    A дождю   **B** дожду

11. дождь → *locatif pluriel*

    A дождях   **B** дождах

Focus Le lexique

Choisissez le mot qui convient pour compléter la phrase.

Corrigé page 290

1. _____, он захочет поехать с вами.

   A Быть   **B** Может быть

2. Она была _____ рада.

   A сильная   **B** очень

3. Нет, спасибо, _____ не надо.

   A больше   **B** нужно

4. _____ их не будет во вторник?

   A Конечно   **B** Почему

5. Приходи, _____ сможешь.

   A как только   **B** только

Module 29
ОСНОВЫ

Focus La conjugaison

Choisissez la forme correcte du verbe стать *au futur simple.*

Corrigé page 290

1. ты
   - **A** станешь
   - **B** станишь

2. он
   - **A** станит
   - **B** станет

3. мы
   - **A** станем
   - **B** станим

4. я
   - **A** стану
   - **B** станю

5. вы
   - **A** станите
   - **B** станете

6. они
   - **A** станут
   - **B** станят

Focus La conjugaison

Choisissez la forme verbale correcte du verbe остаться *au futur simple.*

1. я _____
   - **A** останюсь
   - **B** останусь
   - **C** остановлюсь
   - **D** остатнусь

2. вы _____
   - **A** останетесь
   - **B** останитесь
   - **C** останитись
   - **D** остановитесь

Module 29
ОСНОВЫ

3. он _____
   - **A** остаеться
   - **B** останится
   - **C** останется
   - **D** остатся

4. мы _____
   - **A** останомся
   - **B** останимся
   - **C** останёмся
   - **D** останемся

5. она _____
   - **A** остаётся
   - **B** останеться
   - **C** останится
   - **D** останется

6. они _____
   - **A** останутся
   - **B** останются
   - **C** останятся
   - **D** остаются

Focus La conjugaison

Choisissez la forme correcte du verbe рисовать au présent.

Corrigé page 290

1. Олег плохо _____.
   - **A** рисует
   - **B** рисовает

2. Вместе мы _____ лучше.
   - **A** рисоваем
   - **B** рисуем

3. Его дочь _____ закат.
   - **A** рисовает
   - **B** рисует

4. Кого _____ эти художники?
   - **A** рисуют
   - **B** рисует

5. Вы _____ лес, реку и поле.
   - **A** рисуете
   - **B** рисуйте

Module 29
ОСНОВЫ

6. Таня, ты давно _____?

   A рисоваешь

   B рисуешь

Focus La conjugaison

Choisissez la forme verbale correcte.

Corrigé page 290

1. мы (организовать) _____

   A организовуем

   B организуем

   C организовываем

   D организоваем

2. ты (знать) _____

   A знаёшь

   B знаишь

   C знаваешь

   D знаешь

3. я (видеть) _____

   A вижу

   B видю

   C виду

   D вижю

4. вы (учить) _____

   A учете

   B учите

   C утите

   D учиваете

5. она (смотреть) _____

   A смотрит

   B смотрьит

   C смотрет

   D смотрьет

6. они (хотеть) _____

   A хочут

   B хотют

   C хочат

   D хотят

Module 29
СЛОВАРЬ

Verbes

приходить	arriver (à pied)
пройти мимо	passer à côté

стать devenir

я стану	je deviendrai	мы станем	nous deviendrons
ты станешь	tu deviendras	вы станете	vous deviendrez
он/она/оно станет	il/elle/il deviendra	они станут	ils/elles deviendront

Noms

гриб (m)	champignon
вторник	mardi
закат (m)	coucher de soleil
художник (m)	peintre
поле (n)	champs

Adjectifs et adverbes

может быть	peut-être
очень	très
спасибо	merci
надо	il faut
конечно	bien sûr
как только	dès que
только	seulement
лучше	mieux
давно	depuis longtemps

Module 29
ОТВЕТЫ

Основы

PAGE 281 - Les expressions figées
1 **B** 2 **A** 3 **B** 4 **A** 5 **A** 6 **A**

PAGES 281-285 - La déclinaison
1 **A** 2 **A** 3 **B** 4 **A** 5 **A** 6 **B** 7 **A** 8 **B** 9 **B** 10 **A** 11 **B**
1 **B** 2 **A** 3 **A** 4 **B** 5 **A** 6 **B** 7 **B** 8 **A** 9 **B** 10 **A** 11 **A**
1 **A** 2 **A** 3 **B** 4 **B** 5 **A** 6 **A** 7 **B** 8 **A** 9 **A** 10 **B** 11 **B**
1 **B** 2 **B** 3 **A** 4 **A** 5 **A** 6 **B** 7 **B** 8 **A** 9 **B** 10 **A** 11 **A**

PAGE 285 - Le lexique
1 **B** 2 **B** 3 **A** 4 **B** 5 **A**

PAGES 286-288 - La conjugaison
1 **A** 2 **B** 3 **A** 4 **A** 5 **B** 6 **A**
1 **B** 2 **A** 3 **C** 4 **D** 5 **D** 6 **A**
1 **A** 2 **B** 3 **B** 4 **A** 5 **A** 6 **B**
1 **B** 2 **D** 3 **A** 4 **B** 5 **A** 6 **D**

Vous avez obtenu entre 0 et 21 ? Reprenez chaque question en regardant les endroits où vous avez fait des erreurs.

Vous avez obtenu entre 22 et 37 ? C'est très moyen, mais ne vous découragez pas.

Vous avez obtenu entre 38 et 52 ? Analysez vos erreurs et révisez les notions, vous êtes sur la bonne voie !

Vous avez obtenu entre 53 et 68 ? Félicitations !

Vous avez obtenu 69 et plus ? Восхитительно! Браво!

Module 30
ОСНОВЫ

Focus — Les expressions figées

Choisissez le bon mot pour compléter l'expression (la traduction explicative est donnée entre parenthèses).

Corrigé page 300

1. Хитрый как _____. *(Très rusé)*
   - **A** корова
   - **B** лиса

2. Голодный как _____. *(Qui a très faim)*
   - **A** волк
   - **B** кот

3. Красный как _____. *(Très rouge)*
   - **A** осёл
   - **B** рак

4. Злой как _____. *(Très fâché)*
   - **A** собака
   - **B** жираф

5. Грязный как _____. *(Très sale)*
   - **A** свинья
   - **B** собака

6. Слепой как _____. *(Qui ne voit rien, aveugle)*
   - **A** медведь
   - **B** крот

7. Труслив как _____. *(Très lâche)*
   - **A** заяц
   - **B** лошадь

8. Упёртый как _____. *(Très têtu, buté)*
   - **A** слон
   - **B** баран

Astuce Dans les expressions figées russes, il n'y a pas de virgules avant **как**.

Focus — La déclinaison

Mettez le nom à la forme indiquée.

1. нога → _____ *datif singulier*
   - **A** ноги
   - **B** ноге

2. нога → _____ *génitif pluriel*
   - **A** ногов
   - **B** ног

Module 30
ОСНОВЫ

3. нога → _____ *instrumental singulier*
   - **A** ногой
   - **B** ногей

4. нога → _____ *accusatif pluriel*
   - **A** ногей
   - **B** ноги

5. нога → _____ *locatif pluriel*
   - **A** ногах
   - **B** ногях

6. нога → _____ *accusatif singulier*
   - **A** ногу
   - **B** нога

7. нога → _____ *datif pluriel*
   - **A** ногам
   - **B** ногами

8. нога → _____ *génitif singulier*
   - **A** ноги
   - **B** ноги

9. нога → _____ *instrumental pluriel*
   - **A** ногами
   - **B** ногями

10. нога → _____ *locatif singulier*
    - **A** ноге
    - **B** ногу

11. нога → _____ *nominatif pluriel*
    - **A** ногы
    - **B** ноги

Focus La déclinaison

Mettez le nom à la forme indiquée.

Corrigé page 300

1. зеркало → _____ *génitif singulier*
   - **A** зеркала
   - **B** зеркалы

2. зеркало → _____ *locatif pluriel*
   - **A** зеркальях
   - **B** зеркалах

3. зеркало → _____ *datif singulier*
   - **A** зеркалу
   - **B** зеркале

Module 30
ОСНОВЫ

4. зеркало → _____ *instrumental pluriel*
   - **A** зеркалыми
   - **B** зеркалами

5. зеркало → _____ *locatif singulier*
   - **A** зеркале
   - **B** зеркали

6. зеркало → _____ *accusatif pluriel*
   - **A** зеркалы
   - **B** зеркала

7. зеркало → _____ *nominatif pluriel*
   - **A** зеркала
   - **B** зеркалы

8. зеркало → _____ *accusatif singulier*
   - **A** зеркало
   - **B** зеркала

9. зеркало → _____ *datif pluriel*
   - **A** зеркалами
   - **B** зеркалам

10. зеркало → _____ *instrumental singulier*
    - **A** зеркалом
    - **B** зеркалем

11. зеркало → _____ *génitif pluriel*
    - **A** зеркал
    - **B** зеркалов

Focus La déclinaison

Mettez le nom à la forme indiquée.

Corrigé page 300

1. ухо → _____ *locatif singulier*
   - **A** уше
   - **B** ухе

2. ухо → _____ *datif pluriel*
   - **A** ухам
   - **B** ушам

3. ухо → _____ *instrumental singulier*
   - **A** ухом
   - **B** ушем

Module 30
ОСНОВЫ

Corrigé page 300

4. ухо → _____ *nominatif pluriel*
   - **A** ухи
   - **B** уши

5. ухо → _____ *génitif singulier*
   - **A** уха
   - **B** ухи

6. ухо → _____ *instrumental pluriel*
   - **A** ухами
   - **B** ушами

7. ухо → _____ *accusatif singulier*
   - **A** уху
   - **B** ухо

8. ухо → _____ *génitif pluriel*
   - **A** ух
   - **B** ушей

9. ухо → _____ *datif singulier*
   - **A** уху
   - **B** ухе

10. ухо → _____ *locatif pluriel*
    - **A** ушах
    - **B** ухах

11. ухо → _____ *accusatif pluriel*
    - **A** ухи
    - **B** уши

Astuce Le singulier de ce mot irrégulier est formé sur la base **ух-** tandis que le pluriel utilise la base **уш-**.

Focus La conjugaison

Accordez le verbe гордиться *avec le sujet.*

1. я _____
   - **A** гордусь
   - **B** гордюсь
   - **C** горжусь

2. мы _____
   - **A** гордимся
   - **B** гордемся
   - **C** гордимься

Module 30
ОСНОВЫ

3. она _____
   - **A** гордится
   - **B** гордитса
   - **C** гордиться

4. ты _____
   - **A** гордшися
   - **B** гордишься
   - **C** гордишся

5. они _____
   - **A** гордаться
   - **B** гордятся
   - **C** гордяться

6. вы _____
   - **A** гордиться
   - **B** гордитеся
   - **C** гордитесь

Focus La conjugaison

Choisissez la forme correcte du verbe спать.

Corrigé page 300

1. вы _____
   - **A** спите
   - **B** спаете

2. они _____
   - **A** спят
   - **B** спут

3. я _____
   - **A** спю
   - **B** сплю

4. мы _____
   - **A** спем
   - **B** спим

5. он _____
   - **A** спит
   - **B** спет

6. ты _____
   - **A** спишь
   - **B** спиш

Astuce À la 1ʳᵉ personne du singulier un **л** apparaît dans la conjugaison du présent de l'indicatif. Cette lettre disparaît à toutes les autres personnes lors de la conjugaison.

Module 30
ОСНОВЫ

Focus La conjugaison

Accordez le verbe писать.

> Corrigé page 300

1. ты _____
   - **A** писешь
   - **B** пишешь

2. они _____
   - **A** пишат
   - **B** пишут

3. мы _____
   - **A** пишем
   - **B** писем

4. она _____
   - **A** писет
   - **B** пишет

5. я _____
   - **A** пишу
   - **B** писю

6. вы _____
   - **A** пишете
   - **B** писаете

Focus Les verbes au passé

Choisissez la forme correcte du passé. Attention, plusieurs variantes sont parfois possibles.

1. Мы (рисовать) _____.
   - **A** рисували
   - **B** рисали
   - **C** рисовали

2. Саша (есть) _____.
   - **A** ел
   - **B** ела
   - **C** ело

3. Они всё (узнать) _____.
   - **A** узнали
   - **B** узнал
   - **C** узнала

4. Я так (любить) _____ тебя!
   - **A** люблил
   - **B** любил
   - **C** любила

Module 30
ОСНОВЫ

5. Вы (пить) _____ чай.
   - A пил
   - B пили
   - C пила

6. Кто-то (постучать) _____ в дверь.
   - A постучало
   - B постучали
   - C постучал

7. Ты (хотеть) _____ мороженое.
   - A хотел
   - B хотело
   - C хотела

8. Рита отлично (спеть) _____.
   - A спела
   - B спел
   - C спело

Focus Le passé

Mettez la phrase au passé.

Corrigé page 300

1. Ты уже (сходить) на почту?
   - A сходил
   - B шёл

2. Валентина (быть) счастлива.
   - A был
   - B была

3. Раньше мы (жить) в Москве.
   - A жили
   - B жило

4. Вчера (светить) солнце, а сегодня идёт дождь.
   - A светило
   - B светила

5. Директор (поздравить) учеников.
   - A поздравил
   - B поздравили

6. Татьяне (быть) холодно.
   - A была
   - B было

Module 30
ОСНОВЫ

Focus Les verbes irréguliers au passé

Choisissez la forme du passé correcte.

1. Тамара (перевести) статью. *Tamara a traduit l'article.*
   - **A** перевесла
   - **B** перевела
   - **C** превестла

2. Наши соседи (смочь) нам помочь. *Nos voisins ont pu nous aider.*
   - **A** смогли
   - **B** смочли
   - **C** смоли

3. Он (лечь) на диван и заснул. *Il s'est couché sur le divan et s'est endormi.*
   - **A** лел
   - **B** лечел
   - **C** лёг

4. Дети (пойти) в школу рано. *Les enfants sont partis à l'école tôt.*
   - **A** пойшли
   - **B** пойли
   - **C** пошли

5. Лиза (принести) мне абрикосы. *Lisa m'a apporté des abricots.*
   - **A** принесла
   - **B** принела
   - **C** принестла

6. Мы (найти) деньги! *Nous avons trouvé de l'argent !*
   - **A** найтли
   - **B** нашли
   - **C** найли

7. К сожалению, он (умереть). *Malheureusement, il est décédé.*
   - **A** умерло
   - **B** умерел
   - **C** умер

8. Рома (идти) по тротуару. *Roma marchait sur le trottoir.*
   - **A** шёл
   - **B** шла
   - **C** идёл

9. Рабочие (везти) ванну. *Les ouvriers transportaient une baignoire.*
   - **A** вёз
   - **B** вёзли
   - **C** везли

10. Вика (увлечься) теннисом. *Vica s'est passionnée pour le tennis.*
    - **A** увлекалась
    - **B** увлеклась
    - **C** увлечлась

Module 30
СЛОВАРЬ

Verbes

постучать	*frapper, toquer (à la porte)*
светить	*éclairer, briller (du soleil)*
поздравить	*féliciter*
перевести	*traduire*
лечь	*se coucher*
заснуть	*s'endormir*
принести	*apporter*
увлечься	*se passionner pour*

Noms

лиса (f)	*renard*
рак (m)	*écrevisse*
свинья (f)	*cochon*
медведь (m)	*ours*
крот (m)	*taupe*
заяц (m)	*lièvre*
слон (m)	*éléphant*
чай (m)	*thé*
солнце (n)	*soleil*
статья (f)	*article*
абрикос (m)	*abricot*
тротуар (m)	*trottoir*
рабочий (m)	*ouvrier*
ванна (f)	*baignoire*
теннис (m)	*tennis*

Adjectifs et adverbes

хитрый	*rusé*
как	*comme*
голодный	*affamé*
злой	*méchant*
грязный	*sale*
слепой	*aveugle*
труслив	*lâche*
упёртый	*têtu, buté*
кто-то	*quelqu'un*
счастлив	*heureux*
к сожалению	*malheureusement*

Module 30
ОТВЕТЫ

VOTRE SCORE :

Основы

PAGE 291 - Les expressions figées
1 **B** 2 **A** 3 **B** 4 **A** 5 **A** 6 **B** 7 **A** 8 **B**

PAGES 291-294 - La déclinaison
1 **B** 2 **B** 3 **A** 4 **B** 5 **A** 6 **A** 7 **A** 8 **B** 9 **A** 10 **A** 11 **B**
1 **A** 2 **B** 3 **A** 4 **B** 5 **A** 6 **B** 7 **A** 8 **A** 9 **B** 10 **A** 11 **A**
1 **B** 2 **B** 3 **A** 4 **B** 5 **A** 6 **B** 7 **B** 8 **B** 9 **A** 10 **A** 11 **B**

PAGES 294-296 - La conjugaison
1 **C** 2 **A** 3 **A** 4 **B** 5 **B** 6 **C**
1 **A** 2 **A** 3 **B** 4 **B** 5 **A** 6 **A**
1 **B** 2 **B** 3 **A** 4 **B** 5 **A** 6 **A**

PAGES 296-297 - Les verbes au passé
1 **C** 2 **A/B** 3 **A** 4 **B/C** 5 **B** 6 **C** 7 **A/C** 8 **A**

PAGE 297 - Le passé
1 **A** 2 **B** 3 **A** 4 **A** 5 **A** 6 **B**

PAGE 298 - Les verbes irréguliers au passé
1 **B** 2 **A** 3 **C** 4 **C** 5 **A** 6 **B** 7 **C** 8 **A** 9 **C** 10 **B**

Vous avez obtenu entre 0 et 18 ? Reprenez chaque question en regardant les endroits où vous avez fait des erreurs.

Vous avez obtenu entre 19 et 36 ? C'est très moyen, mais ne vous découragez pas.

Vous avez obtenu entre 37 et 54 ? Analysez vos erreurs et révisez les notions, vous êtes sur la bonne voie !

Vous avez obtenu entre 55 et 72 ? Félicitations !

Vous avez obtenu 73 et plus ? Восхитительно! Браво!

© 2023, ASSIMIL
Dépôt légal : janvier 2023
N° d'édition : 4206
ISBN : 978-2-7005-0920-5

Achevé d'imprimer Roumanie par
Tipografia Real - décembre 2022
www.assimil.com